第二届敦煌乐舞

国际学术研讨会论文集

西安音乐学院·编

文化艺术出版社
Culture and Art Publishing House

图书在版编目（CIP）数据

第二届敦煌乐舞国际学术研讨会论文集 / 西安音乐
学院编. -- 北京 : 文化艺术出版社, 2024. 12.
ISBN 978-7-5039-7761-9

Ⅰ. K879.414
中国国家版本馆CIP数据核字第20247N1R61号

第二届敦煌乐舞国际学术研讨会论文集

编　　者	西安音乐学院
责任编辑	汪　勇
责任校对	董　斌
书籍设计	顾　紫
出版发行	文化艺术出版社
地　　址	北京市东城区东四八条52号（100700）
网　　址	www.caaph.com
电子邮箱	s@caaph.com
电　　话	（010）84057666（总编室）　84057667（办公室） 84057696—84057699（发行部）
传　　真	（010）84057660（总编室）　84057670（办公室） 84057690（发行部）
经　　销	新华书店
印　　刷	国英印务有限公司
版　　次	2024年12月第1版
印　　次	2024年12月第1次印刷
开　　本	710毫米×1000毫米　1/16
印　　张	12
字　　数	198千字
书　　号	ISBN 978-7-5039-7761-9
定　　价	118.00元

主编　李宝杰

序

——写在《第二届敦煌乐舞国际学术研讨会论文集》出版前

2019 年 9 月 28 日,由西安音乐学院主办的"第二届敦煌乐舞国际学术研讨会"隆重召开,本次会议秉承了 2013 年 10 月第一次会议的基本精神,以敦煌乐舞研究为基本主题,兼及丝绸之路沿线乐舞文化、敦煌壁画上的乐器乐舞、唐末五代墓葬乐舞图像等研究主题,以更加宽阔的学术视野,把有关敦煌乐舞国际学术研讨的气氛推上了又一个高潮。

西安是中国古代多个封建王朝建都之地,周秦汉唐盛世给这里留下了深厚的文化基因,有汉以来一直向西开拓的丝绸之路打通了中华文明与西方文明的荟萃通道,唐僧玄奘历经千辛万苦奔波数万里,从古印度把部分佛经引入中华大地,推动了佛教在中国的发展。迄今,在西安及其周边不断出土的历朝历代地下宝藏,证明着中华文明的辉煌足迹。西安音乐学院坐落在这片神奇的土地上,自 1949 年建校以来,就把挖掘传统音乐文化、传承区域音乐特色作为办学的学术立足点,几十年来积累了诸多学术研究成果。21 世纪以来更是多方面突破,用力积累"周秦汉唐音乐文化、西北地域音乐文化、秦派风格音乐文化、陕甘宁边区红色音乐文化"学统与学脉,逐渐形成了具有西安音乐学院特色的学术发展趋向,敦煌乐舞研究就是其中显耀的一支。

2013 年 10 月,首届"敦煌乐舞国际学术研讨会"在西安音乐学院隆重召开,引起了社会各界的广泛关注,来自中国、日本、德国、法国、比利时等国家的三十余位学者莅临会议。大会发言涉及敦煌乐谱的解译与研究、敦煌壁画中的乐器乐队研究、敦煌乐舞的重建与理论研究、敦煌壁画的图像学研究等。在会议结束后,出版了《敦煌乐舞研究文集》,收录了会议重点发言的 26 篇论文，并附有《敦煌乐舞艺术研究资料索引》，该文集的出版在学术界产生了广泛影响。

时隔 6 年后的 2019 年 9 月，西安音乐学院再次精心谋划和组织，召开了"第二届敦煌乐舞国际学术研讨会"。与首届会议有所不同的是，本届会议内容在设计上由"学术研讨"与"乐舞展演"两个单元构成。其中"学术研讨"以"敦煌乐舞艺术研究"为研讨主题，涉及敦煌乐舞、敦煌石窟艺术、敦煌文化与历史、"一带一路"背景下相关乐舞研究等议题。"乐舞展演"部分，由西安音乐学院舞蹈系、民乐系精心组织编排的"'一带一路'乐舞精粹——唐乐舞·西安鼓乐展演"与"'一带一路'乐舞精粹——敦煌乐舞"两场展演组成，分别展现了世界非遗项目西安鼓乐的代表性曲目《尺调双云锣八拍坐乐》和唐代乐舞《春莺啭》《苏合香》《团乱旋》《满园春》《雨霖铃》，以及在敦煌乐舞基础上创作的《妙音反弹》《思维菩萨》《六臂飞天》《千手观音》等，引起了与会者的浓厚兴趣，使会议的静态学术思考平添了灵动的乐舞想象与审美。

从会议参与的人数和提交的学术论文来看，本次会议在规模上略显缩小，但其研究的视点却有了新的变化，研究者们不仅聚焦于敦煌壁画本体，而且拓展到以唐代为时间坐标的相关音乐文化研究领域，以及以乐舞牵引的文化交流、艺术审美、现代创作等不同方面，许多学术聚焦点和认识思路可圈可点，呈现出敦煌乐舞研究的活跃与开放。相比于首届会议来看，虽有收获，但分量稍欠。但让与会者精神提振的是，动态的展演既赋予了会议新元素，也增加了会议交流的活跃度，并以传统文化实践"复现"的姿态，让我们领略到现代人对传统艺术的尊重与继承。

按照会议规划，会后要组织编辑一本"文集"，从所收集到并经作者允许公开发表的参会论文看，内容分量上虽不比首届会议文集那么厚重，但也有自己的特点，其研究视野更加灵活、广泛。编辑过程中，有一个问题一直挥之不去，这就是作为"敦煌学"研究领域中的"乐舞"研究，在过去、在当下我们都做了什么？在未来我们还能做些什么？

无疑，在过去的几十年里，音乐学术界有关敦煌藏经洞里留下的乐谱释译研究是最辉煌的，林谦三、叶栋、陈应时、何昌林、席臻贯等前辈以其坚韧不拔和执着推动敦煌乐谱学研究达到一个制高点，而有关敦煌壁画上的乐舞图像研究是另一制高点。郑汝中、庄壮、高德祥等学者在敦煌壁画的乐器、乐队、乐舞研究等方面卓有建树。近年来，敦煌乐舞研究在不断拓展洞窟壁画研究深度的基础上，进一步向外拓展，有关涉唐代音乐研究的，有关涉敦煌民俗音乐研究的，也有关涉敦煌乐舞体系及现代编创思想建构研究的，更有将之放在"一带一路"视域下进行历史文化交流研究等，显而易见，有关"敦煌乐舞研究"已经逐渐沉淀为"敦煌学"研究领域中的"显学"。其意义不仅旨在考究和回答历史的追问，而且正在探索和实践传统在当下的复活。因而，"敦煌乐舞研究"的整体性需求越发凸显，一方面是通过对壁画的解析，关联文化历史的存在与发展，毕竟敦煌莫高窟从十六国至元代，绵延了千年历程，其所承载的历史图像信息，是文本文献和考古实物之外又一确凿的历史见证。另一方面，乐舞表现只是敦煌石窟文化的一个表征，它的存在是与宗教、民俗、艺术乃至各时期的政治经济等不可分离的。乐舞表现在壁画上并非孤立存在，其图像主题无论是上界还是人间，现实和想象总是紧密地联系在一起，所以不能将其孤立看待。还有一个方面，就是研究它的现实性实践转化。有关这方面，艺术实践者已经走在了前头，并有了几十年的经验积累。比如敦煌舞经多年沉淀已经成为中国舞蹈表演的专门体系；不少的音乐创作或从表现的对象性、或从创作的资源性等不同方面汲取营养，为这个世界谱就了韵味独特的华美乐章。当然，伴随现代学术研究的跨学科理念，新的思考、信息化手段也必将成为敦煌乐舞研究的积极参照。

两次"敦煌乐舞国际学术研讨会"的参会发言，已经初显这方面的趋势。尽管各方面研究虽不能说有多么广、多么深，甚至缺少系列化，更谈不上系统化，但毕竟逐步在形成该领域研究的新焦点。我们组织了第一次、第二次会议，就会组织第三次、第四次会议……在不断总结中，调整我们举办会议的主旨与目标，稳固我们的研究平台，沉淀优秀的成果，力争为敦煌乐舞研究做出积极努力和更多贡献。

是为序。

李宝杰

2020 年 6 月于净耳堂

目 录

唐末五代秦王李茂贞夫妇墓乐伎图像再考 *

李宝杰

大唐秦王陵位于现陕西省宝鸡市金台区陵原乡陵原村（北坡原上）东部，是唐末五代时期秦王李茂贞及其夫人的合葬陵寝，属于"同茔不同穴"的帝后合葬墓制。据有关研究显示，秦王陵于 907 年秋开工，因战事阻挠，陵墓修筑时建时停，直到 920 年夏才告竣工。由于工程浩大，李茂贞除了利用职权委派凤翔宫内工部尚书参与陵园营造外，还亲自监工，并从辖内招募能工巧匠，以及从兵丁中调集百十余人参与建造。秦王陵布局与唐末和五代时的帝王陵形制相近，呈中轴对称布局，陵园正中立有华表，辟有神道，两侧安放有 34 尊翁仲和神兽青石雕像，陵冢下建有地宫两座。[1] 如此铺排的陵寝建设、耗费耗时巨大的工程，暴露出一代枭雄李茂贞藏不住的狂野和僭越之心。

一、秦王陵墓主人介绍

陵墓主人之一的李茂贞（856—924），非唐室正统出身。李茂贞原名宋文通，字正臣，深州博野（今河北蠡县）人，光启元年（885）因参与平叛"朱玫之乱""论功第一"，被唐僖宗赐予皇家姓，名茂贞，编入帝属，以此名冠诸侯。据相关资料显示，李茂贞是唐末至五代时期西北最大的割据势力，

* 本文根据 2019 年 9 月西安音乐学院"第二届敦煌乐舞国际学术研讨会"发言改写。由陕西省"高层次人才特殊支持计划"哲学社会科学领军人才项目（陕组通字〔2018〕33 号）支持。

长期统治凤翔、陇右，先后官居多地节度使。唐昭宗大顺元年（890），李茂贞封陇西郡王，景福二年（893）封秦王，天复元年（901）封岐王、加守尚书令兼侍中。发迹后的李茂贞，恃功骄横，飞扬跋扈，趁唐末天下大乱、军阀混战之际，企图挟天子以令诸侯，在其侄和宦官拥助下，挟持唐昭宗困守凤翔城一年之久，从此陷入危局、走向颓势，割据势力逐渐被其他军阀蚕食、瓦解。其虽心有问鼎之志，但终未敢僭越。眼见河南朱温篡唐、西蜀王建称帝改元，李茂贞选择了"不改二十年之正朔，永固一千里之封疆"[2]，奉大唐为正朔的政治道路，这也是其于后唐庄宗同光二年（924）四月一日薨于凤翔秦王府邸后，获得"追封秦王，赐谥曰忠敬"的主要原因。隔年十二月二十五日，迁葬于宝鸡陈仓里先考大茔西侧。

陵墓主人之二是李茂贞妻秦国贤德太夫人刘氏，原籍岐州，其父刘岳皇曾任凤州防御判官、赠左散骑常侍。刘氏嫁给李茂贞时，正值其联络邠宁节度使王行瑜等，擅兵克凤州，逐泾原、洋州，占兴元后，拥有四镇十五州、军事势力快速增长之际。数年后她为李茂贞相继诞下4男3女，其中，长子李从曮曾任凤翔节度使，继封岐王、秦王；次子李从昶任忠武军节度使，授左骁卫上将军，改右龙武统军，任许田节度使；三子李从昭历任陇州刺史、诸卫大将军；四子李继炜曾任凤翔衙内都指挥使。

刘氏一生笃信佛教，"诵持大乘之文"。其逝后的墓志铭[3]中对其评价颇高："夫人奉姆训而四德彰闻，志女功而六义丕显，卜叶莫京之兆，礼遵必敬之文。"应该说，其品行和修为为李茂贞成就大业奠定了稳固的家庭后方基础，并在李茂贞后期霸业走向下坡路、跌入人生低谷时，选择收敛起羽翼、以求自保，一心转向佛事、重修法门寺等，潜在地发挥了一定的作用。

《资治通鉴》中记载的李茂贞最终虽未实现"问鼎之志"，但"及闻唐亡，以兵羸地蹙，不敢称帝，但开岐王府，置百官，名其所居为宫殿，妻称皇后，将吏上书称笺表，鞭、扇、号令多拟帝者"。从中不难窥见李茂贞难以按捺的逾越之心，元人胡三省所作注中对其行为颇不以为然："李茂贞自为岐王，而妻称皇后，妻之贵逾于其夫矣。卒伍之雄，乘时窃号，私立名字以相署置，岂可与之言礼乎哉！"[4] 可见这样的咄咄怪事只能在唐末五代这样一个混乱的时局下发生，从一个侧面也反映出李茂贞能够建造帝王级陵寝的真实原因。

后晋高祖天福三年（938），刘氏被奉为"秦国太夫人"，天福五年（940）加号"秦国贤德太夫人"。天福八年（943）十月八日，刘氏卒于凤翔秦王府邸，享年67岁，此时已距李茂贞薨毙过去了19年，两年后遂"祔葬于先王宅"。

二、秦王陵墓穴中保留的图像再考察

有意思的是，李茂贞夫妇陵寝虽为两座东西相邻约30米的墓穴地宫，但从建设的规制和豪华程度来看，其夫人秦国贤德太夫人的墓虽为祔葬，一点也不逊于秦王李茂贞的墓穴，用事实印证了胡三省"妻之贵逾于其夫矣"的评价。该墓葬不仅墓穴总长超过了秦王墓，而且在墓室结构上也相对要复杂一些，甚至在有些方面还有所"逾越"，比如墓中专门设置有"端门"[5]，而秦王墓中就没有，只有墓穴的石封门。太夫人墓穴中的这个端门，因其唐风青砖仿木歇山双重飞檐的建筑构型，被考古界誉为"大唐秦王陵的镇馆之宝"。

有关考古方面的各种发现，已有宝鸡市考古研究所编著的《五代李茂贞夫妇墓》（即"考古报告"）[6]和宝鸡市考古研究所研究员刘军社撰著的《李茂贞与秦王陵》[7]二书，有兴趣者可以阅读参考。本文所要讨论的核心是两墓葬里保存的与音乐有关的砖雕图像。

根据考古挖掘情况判断，秦王李茂贞墓穴通往墓室的甬道两壁残存有淡红色颜料，根据隋唐以来帝王及王公大臣级墓葬建造中，喜欢绘制壁画以表生前喜好和等级待遇的传统推测，李茂贞墓通向墓室的甬道两壁原本应该绘有乐伎壁画。考古报告中未做重点分析的原因，应该是壁画脱落得比较彻底，仅依靠残存颜色的痕迹，是无法做出考古判断的。现修复后的墓道两侧用木框玻璃窗保护起来的彩绘浮雕乐伎系列壁画，并非五代原品，是今人参考相关资料制作而成，供一般旅游参观所用。相反，秦国贤德太夫人墓穴甬道中的东西两侧保留下来的砖雕乐伎图像则完全不同，它们是五代原品，具有极高的艺术价值。整体上看，其虽然遭到了盗墓贼不少的毁坏，但从其留存仍可看出唐末至五代时期帝王级陵寝建造的匠作水平，以及宫廷用乐的一些迹象和特点。

笔者在考察中，除实地查看外，还仔细翻阅了宝鸡市考古研究所编著的《五代李茂贞夫妇墓》一书，发现其中有存疑和值得商榷的地方。为此，笔者专门对照参阅了同为陕西彬县（今彬州市）出土的五代时期冯晖墓高浮雕图像[8]、河北曲阳县王处直墓浮雕壁画[9]及成都王建墓棺床石刻乐伎图像[10]，予以相互比照，得出了一些新的认识，以与大家分享、讨论。

贤德太夫人墓地宫位于秦王李茂贞墓地宫的偏西南方向约30米处，坐北朝南。在经过前墓室通往后墓室的甬道东西两壁，各镶嵌有砖雕图像9幅，每幅图均由上下两块约35厘米×35厘米的方砖构成，成图尺寸高约70厘米、宽约35厘米，共计18幅图像，人物造型包括乐伎14人、舞者2人、执竹竿子者2人。其中，东壁人物雕像造型均为待乐状，西壁人物雕像造型均为奏乐状。东壁保存完整的图像5幅，西壁保存完整的图像6幅。东西两壁乐伎图像造型并不完全对应。

《五代李茂贞夫妇墓》考古报告中认为：

1.秦国贤德太夫人墓后甬道东壁自南向北砖雕乐伎图排列顺序为：（1）舞蹈者，（2）抱拍板者，（3）击正鼓者，（4）拍毛员鼓者，（5）击鸡娄鼓者，（6）擂大鼓者，（7）残图，（8）操笛者，（9）乐舞指挥（见图1）。

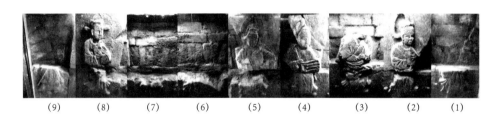

（9）　（8）　（7）　（6）　（5）　（4）　（3）　（2）　（1）

图1　秦国贤德太夫人墓后甬道东壁砖雕乐伎图〔笔者拼图〕

2.西壁自南向北砖雕乐伎图排列顺序为：（1）舞蹈者，（2）拍板者，（3）弹琵琶者，（4）击羯鼓者，（5）敲磬者，（6）吹笙者，（7）残图，（8）吹箫者，（9）乐舞指挥（见图2）。

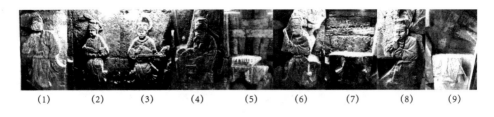

(1)　　(2)　　(3)　　(4)　　(5)　　(6)　　(7)　　(8)　　(9)

图 2　秦国贤德太夫人墓后甬道西壁砖雕乐伎图（笔者拼图）

　　笔者深入墓穴仔细考察，并反复观察所拍图像照片，查找其他相关出土资料作以对比后，发现考古报告中对一些图像的识别证据不够充分、一些图像识别有误。

　　1. 甬道东壁第 3 图持正鼓者为残图，该图受损部分为人物的面部以上，基本可看清图像人物的待乐状态——双手在胸前合持一单只鼓槌，腰部以下有一雕刻的鼓类乐器，但遗憾的是该乐器形象似有残缺，雕刻工艺也较为粗陋，容易引起辨识上的歧义。考古报告从单只鼓槌结合该鼓类乐器的基本造型，引《文献通考》中的文字为佐证："唐有正鼓、和鼓之别……右击依仗，左拍以手……"由此认为该图应为"右击依仗，左拍以手"的"正鼓"。为进一步确证起见，笔者找到了相同时期[11]的成都王建墓棺床须弥座东面第一格"打正鼓乐伎"图予以比对后认为，虽然王建墓中的图像为坐奏形式，太夫人墓中图像为直立待乐形式，但从乐器挂靠在身前的倾斜度、雕刻的鼓乐器上用以绷紧蒙皮的绳索来看，其两图具有较大的重合度，由此可认为《五代李茂贞夫妇墓》中把该图像判断为"正鼓"是有一定道理的（见图 3、图 4）。

　　2. 贤德太夫人墓甬道东壁第 6 图持大鼓者也为残图，仅保留有原图的1/4，为图像下部的乐器底部，上部的待乐人身姿全部损毁。考古人员据此残图推测为唐末五代时的"大鼓"，并无其他佐证材料。笔者找到基本为同一时期的陕西彬县出土的冯晖[12]墓甬道砖雕东壁第 8 图"击大鼓者"做对比，认为李茂贞夫妇墓考古人员的推测是正确的。两幅图像在大鼓的造型和花式上虽略有不同，但其鼓架却为同一种结构和款式，冯晖墓砖雕完整的图像完全可以为贤德太夫人墓的残图提供有力的佐证（见图 5、图 6）。

　　3. 贤德太夫人墓甬道东壁第 9 图也为残图，保留有原图的1/3，为人物造型的袍摆和露出的下肢部分，由于砖雕刻痕有所磨损，依稀可看出是古代袍

图 3　秦国贤德太夫人墓后甬道东壁第 3 图　　　　图 4　王建墓棺床石雕打正鼓乐伎图

图 5　秦国贤德太夫人墓后甬道东壁第 6 图　　　　图 6　冯晖墓甬道砖雕东壁第 8 图

子的下摆部分，但图像中特殊的地方是袍子上有一斜竖的圆形竿状物，由此考古报告中将其推测为"乐舞指挥"[13]，其意思虽大致不错，但对比文献资料来看该称谓却显得太"现代化"。持该圆形细长竿的人物身份在宋代文献中俗称为"竹竿子"[14]，尽管目前尚未查到唐末五代时的相关文献，但因宋代与其时间相接较近，加之宫廷演艺活动固有的稳定性，宫廷乐人在称谓上发生较大变化的可能性不大。该角色在宋代的文献中名为"参军色"，其主要职能是念"致语"、口号，用手中的"竹竿拂子"指挥调动演职人员的进出场，[15]发挥着指挥、协调乐舞杂剧演出的作用。笔者在冯晖墓砖雕中发现有两幅同样的造型，即其甬道东壁第1图和西壁第15图也为"竹竿子"形象，两幅图均保存得十分完好。尤其是冯晖墓西壁第15图与贤德太夫人墓甬道东壁第9图在"竹竿拂子"的摆置方向上都是一致的，因而其可为贤德太夫人墓甬道东壁第9图的残图提供有力的对比佐证（见图7、图8）。

另外，贤德太夫人墓甬道西壁第9图也属于此种情况，保留有原图的1/2，为人物造型的下半部分，但相比东壁第9图无论是半图的完整性、雕刻

图 7　秦国贤德太夫人墓后甬道东壁第 9 图　　　图 8　冯晖墓甬道砖雕西壁第 15 图

的清晰度都要好得多，特别是人物着袍的袍摆褶皱、乐伎所持"竹竿子"的节、头都清晰可见。从"竹竿子"抱靠在乐伎身前的倾斜方向，可以判断为上右下左。与彬县冯晖墓甬道东壁第1图"竹竿子"的持抱正好相反。

4. 贤德太夫人墓甬道西壁第5图也为残图，保留部分为原图的下半部分（也有残缺），上半部分缺损，从保留部分来看似为某种乐器的支架，"考古报告"中据此认为该图为"击磬乐伎"。但笔者有所存疑，比对了彬县冯晖墓甬道西壁第13图"击方响乐伎"，认为两图在乐器支架的构造上有一定的相同性，因此认为考古人员对贤德太夫人墓甬道西壁第5图的判断过于主观，不应是"击磬"，而应该是"击方响"。另据唐代杜佑所撰《通典·乐四》，其中对"方响"作有如下描述："梁有铜磬，盖今方响之类也。方响，以铁为之，修九寸，广二寸，圆上方下。架如磬而不设业，倚于架上以代钟磬。人间所用者，才三四寸。"[16] 这里特别要关注引文中的"架如磬而不设业，倚于架上以代钟磬"句。古代悬挂钟磬的木架称为"篪簴"或"簴业"，《释名》曰："所以悬鼓者。横曰栒。栒，峻也，在上高峻也。纵曰簴。簴，举也，在旁举栒也。栒上之板曰业，刻为牙，捷业如锯齿也。"[17] 篪簴有一定的规制，且要承载相当的重量，特别是两侧雕刻成鹿头龙身样的立柱"簴"，要特别的粗壮、结实，才可能承载起钟磬乐器的千斤重量。而"以代钟磬"的方响不仅在体积上小得多、重量上也轻得多，民间所用尺寸更为短小，虽需要木架安置，但"不设业"，意味着木架形制上的简化、缩小。据此再对照贤德太夫人墓甬道西壁第5图的乐器残架来看，只可能是方响架而非钟磬架。而架上残存的一排条状物，并非石磬样，而与"圆上方下"的方响样貌更为接近（见图9、图10）。

5. 贤德太夫人墓甬道西壁第8图，《五代李茂贞夫妇墓》中根据乐伎演奏乐器的形象，将其判断为"吹箫者"，但仔细观察该图像人物的演奏状态，尤其是从吹管乐器被含在口中、相对较短尺寸的乐器管身、双手握姿来看，与"吹箫"状态相去甚远，应该属于另一吹奏乐器——竽篪的吹奏形象。而对比彬县冯晖墓甬道东壁第12图的吹竽篪乐伎，无论是人物的整体形象、吹姿、双手握姿或乐器形状等都具有高度的重合性，从一个侧面更加有力地证实了贤德太夫人墓甬道西壁第8图应为"吹竽篪者"而非"吹箫者"（见图11、图12）。

图 9　秦国贤德太夫人墓后甬道西壁第 5 图

图 10　冯晖墓甬道砖雕西壁第 13 图

图 11　秦国贤德太夫人墓后甬道西壁第 8 图

图 12　冯晖墓甬道砖雕东壁第 12 图

6.有关秦国贤德太夫人墓甬道东西两壁的第7幅残图，由于毁坏严重，依据两图的残留基本无法对原图人物形象做出合理判断，因此，《五代李茂贞夫妇墓》中并未给出判断结果。笔者根据东西两壁第7图残留的部分及人物造型的组合关系进行了分析，并做出如下推测结果以供参考：

如果仔细观察东壁第7图的残留部分（下身袍摆），还是与其后的第8图的相同部位有一定的相似性。第8图乐伎形象为双手在胸前合持有一圆形的细管状物，《五代李茂贞夫妇墓》中由此将人物造型辨识为"操笛者"，笔者无疑问。若进一步分析，可把隋唐以来宫廷用乐的传统作为判断依据。东壁伎乐组合虽以打击乐器为主，但在隋唐以后的宫廷用乐中，受西域音乐东传和汉胡音乐杂糅的影响，无论是隋时的七部乐还是唐时的九、十部乐中，其中被引入的西域打击乐器十分丰富，而打击乐组合中往往夹杂有吹管乐器，首要的便是笛、管，这在敦煌乐舞壁画中多有表现。倘若将东壁的第8图视作"操笛者"的话，那么，第7图视为"操筚篥者"似乎更为合适。相对来说，西壁第7图的残图则更好判断一些，因前后乐伎图像造型都十分清晰、确定，前为吹笙者，后为吹筚篥者，那么，夹在中间的推测为"吹笛者"应该比较合理。

三、几点思考

（一）关于"竹竿子"人物形象的再讨论

有关"竹竿子"人物形象的讨论，笔者在前文主要引用了两位学者的研究结果。一是黄竹三先生发表在《文艺研究》2000年第2期上的《"参军色"与"致语"考》一文。该文主要介绍了宋代戏剧的传统和"参军色"在宫廷或官府大宴时诵念"致语"、进祝颂之词、导引乐舞杂剧演出的作用。该文主要引用的文献是北宋文学家孟元老的《东京梦华录》、南宋耐得翁的《都城纪胜》、南宋吴自牧的《梦粱录》等笔记小说，在其中对宋代宫廷教坊中的杂流命官"参军色"都有较为详细的描述，其中"参军色执竹竿子作语，勾小儿队舞"可看作其职能和角色的主要体现。

另外一篇是康保成先生发表在《文艺研究》2001年第4期上的《"竹竿子"再探》。该文把"竹竿子"与元以来多数文献中记载的和民间迎神赛社活动中的"戏竹"联系在一起，就其"竹竿子"的本质、作用及演变进行了细致的探讨。特别是该文最后所涉及的有关"竹竿子作语"的"举而合向则乐作，偃而开植则乐止也"[18]的演化分析，不只表明了"竹竿子"的基本作用，而且展示了"从北宋的竹竿子到元明清三代的戏竹，从民间祭祀到宫廷乐舞，从中国到朝鲜，如此漫长的时间转换和相当幅度的空间转换，必然使这种特殊的道具发生某些演变"[19]的轨迹。如"竹竿子"由一支变成一对，由"举之乐作，偃之乐止"变为"合之乐作，分之乐止"[20]，以及"从祭礼走向剧场"[21]等变化结果。

但在该文中，康先生说："宋代执竹竿子的参军色未见有成双者，山西民间执戏竹者，河北'掌竹'者亦为一人。"但有所不同的是，早于宋之前的五代时期的陕西宝鸡秦王陵贤德太夫人墓和陕西彬县冯晖墓相关壁画中的"竹竿子"形象却都是2人，而冯晖墓壁画中的两个"竹竿子"人物形象差别还很大（见图13）。两墓葬图像中的人物握持竹竿子的形式具有一致性，都是

图13　冯晖墓甬道东壁第1图　　　图14　王处直墓后室西壁浮雕图（局部）

把竹竿子斜抱靠在肩部，大致可视为"举之乐作"之态。但也有不一样的，相同时期河北曲阳王处直[22]墓中壁画"竹竿子"形象却只有1人，符合康先生所说，并且持竿者是把竹竿子横抱在胸前，是否可理解为"偃之乐止"？（见图14）但身边一众乐伎却都是奏乐状态，两者之间的不对应似乎又无以做解。当然，我们不能苛求墓葬图像就是现实生活的真实反映，但大致相同时期且墓主人身份基本一样的墓葬图像，似乎又不难以与历史文献记载形成呼应关系，若再结合一定的文献记载进行梳理对比，对于进一步弄清楚考古发现定会形成更多的材料支持。

（二）有关太夫人墓葬中砖雕乐伎的组织形态问题

秦国贤德太夫人墓后甬道两侧砖雕乐伎图像总数为18身，除去两个"竹竿子"，实际为16身，以隋唐以来的九、十部乐中的部乐组合人数来看，大致接近某一部乐，即使以今天的民乐队组合对照也属于一个中小型乐队规模。但根据整体图像反映的各种乐伎造型分析，却很难将其对应隋唐九、十部乐中的某一种组织形态。有人依据其站立演奏的形态，将其简单地视作唐代的"立部伎"，但从乐伎们所掌握的乐器种类比对，显然不符合唐宫廷立部伎的乐队规制。也有人将其视为"散乐"类，似乎也不合适，"散乐"的概念自唐宋以来多指混杂在一起的歌舞、杂技、音乐，并不指具有礼仪、宴飨作用的歌舞音乐，墓葬雕刻或壁画用乐虽不排除表现墓主人生前享乐的生活场面，但礼仪性质还是要优先考虑的，更何况墓主人生前是一位被视为"皇后"的贤德太夫人。

由于五代时期特殊的政治格局和政权更迭，这一时期的历史记载和文献遗留相对混乱，从而导致文献典籍中有关"乐志"的记载多笼统而不详细，可供参考的有效信息多缺而简陋。倒是《旧五代史·乐志上》中有一段话发人深省："庄宗起于朔野，经始霸图，其所存者，不过边部郑声而已，先王雅乐，殆将泯绝。当同光、天成之际，或有事清庙，或祈祀泰坛，虽簨簴犹施，而宫商孰辨？"[23]就连占据政治优势，震动南方割据诸国，史书上誉其为"五代领域，无盛于此者"的后唐李存勖朝廷都如此这般窘迫，试想居于一方割据的封建小朝廷在礼乐方面还能有多少继承？所以，贤德太夫人墓中乐伎图像更多地反映出的是一种对逝者的崇敬式的礼仪乐飨作用，以至于在乐伎人物造型上的安排是否符合某种规制其实并不重要。毕竟李茂贞虽然于19年前早逝而去，但李茂贞的子嗣们却在承续着他们父亲缔造的光环，其长子李从曮曾两度出任凤翔节度使，还继封了岐王、秦王，而其他子嗣也多有重要任职，这就为太夫人逝后的大张旗鼓的铺排奠定了基础。既然其母在世时已经尊享到"皇后"的待遇，其父都甘愿隐屈其下，那么，重权在握的子嗣们就没有理由不把其母的墓葬打造得极致辉煌，这或许就是其母的墓葬反而要比其父秦王李茂贞的墓葬显得奢华的主要原因了吧。

再回到具体的乐伎造型上分析，由于李茂贞及其后继者长期雄踞以凤翔为核心的政治领地，加之隋唐以来西域音乐东渐的影响，关中一代首先受到西域各种音乐的杂糅和融合。宫廷乐部发展到晚唐并走进五代，由于政权不断更迭的影响，作为大一统宫廷礼乐的基本规制虽然分崩离析，但用乐习惯则可能通过各种渠道向外扩散。李茂贞既然"开岐王府，置百官，名其所居为宫殿，妻称皇后，将吏上书称笺表，鞭、扇、号令多拟帝者"，以小朝廷而偏安一隅，那么在乐飨上就有可能向唐末礼仪规制靠拢并进行模仿。19年后，太夫人去世，墓葬打造的参考既可能是其生前的真实"御用"写照，也可能是参考了唐末宫廷中所见，因而，从所使用的乐器组合结构来看，与隋唐九、十部乐不无联系，无论是在乐器数量方面还是种类方面，与龟兹乐、西凉乐的规制靠得应该更近一些。

（三）关于造墓中砖雕图像工匠的礼仪意识

虽然贤德太夫人墓葬中后甬道砖雕乐伎的组织形态不好做出确定的分析结论，但从整体构图和雕刻工艺来看，还是有其独特之处，并呈现出墓葬设计和建造工匠们对礼仪规制的尊崇。

（1）乐舞队由"竹竿子"引导，在乐器组合上有自己的特点。东西两壁合在一起除了各一对的"竹竿子"和"舞者"外，东侧中的7身乐伎，打击乐器就占了5身，仅鼓类就包括正鼓、毛员鼓、鸡娄鼓和大鼓4身，其余一身为拍板，吹管乐器有筚篥和笛2身；西侧中的7身图像，打击乐器和吹管乐器各占3身，多出一件四弦曲颈琵琶。较之于东侧一方，西侧一方吹管乐器有所加强，打击乐器有所减弱。东西两壁合起来看，打击乐器共8身，其中鼓类5身，拍板2身，方响1身；吹管乐器5身，其中筚篥2身、笛2身、笙1身，综合分析，其乐舞队的组织结构显然就是龟兹乐或西凉乐的变种。基本上吻合《通典》所云之"自周、隋以来，管弦杂曲将数百曲，多用西凉乐，鼓舞曲多用龟兹乐，其曲度皆时俗所知也"[24]的音乐传播事实。

（2）在构图上东西两侧的乐伎图像并不完全对应，这一点不同于冯晖墓的两侧乐伎完全对应的构图。推测这样做的理由，一是可以在有限的空间范围内塑造更多的乐伎和乐器形象，二是丰富的乐器种类能满足更多的音乐演奏需要。其中打击乐器、吹管乐器占据多数，显然是与礼仪需要紧密关联。

（3）东西两侧乐伎造型一侧为待乐状，一侧为奏乐状，显现出用乐的动态过程，这一点在构图上非常特别，以此可看出工匠们的别出心裁。另外，不置女乐，全部由男性乐伎组成，映衬了墓主人高高在上的"帝后"性别身份。这不同于彬县冯晖墓男女乐伎对应，河北王处直墓由男性"竹竿子"引领，全部女乐侍奉的构图。

（4）东西两侧的乐伎面部全部朝向同一方向，以此表明了无论是待奏还是正在演奏，都是在尊崇礼仪的前提下侍奉墓主人需要。尽管一些图像有所损坏，但从保留完好的乐伎人物造型来看，乐伎人物与手中乐器的构图比例把握准确，雕工十分精细、流畅、生动。据考古报告中介绍，考古挖掘中尚能看到红色痕迹，说明原图像应为高浮砖雕饰彩的形式。

五代作为中国历史上封建割据的特殊时期，各地封建领主趁着天下大乱之际，仰仗割据势力，在政治上多行"僭越"之举，在世时强取豪夺，去世后逾越尊享、霸占国帑、劳民伤财，为后世留下了一座座华丽的地下宫殿，成为中国封建史上的奇观。其政治野心的暴露虽为后世所不齿，但从另一个侧面却反映出大一统的皇家宫廷走向政治解体后，国家礼仪文化转向民间的俗化和浸漫，秦王陵墓葬正是其中的典型代表。本文虽择取了壁画乐伎图像作为研究的切入点，但也从一个侧面反映出五代时期封建割据领主们在府邸礼仪用乐上的追求。联系五代时期特殊的政治环境、多变的文化格局，有关秦王陵墓葬壁画乐伎图像的研究，除微观上的比较分析尚有进一步深入的可能外，在宏观上特别是相关文化格局变换带来的乐舞文化的迁移等方面，还有可能进行更多相关性的研究。本文所做仅为抛砖引玉，不足之处还请方家批评指正！

（李宝杰，西安音乐学院教授）

注释

[1] 详情参见陕西省宝鸡市金台区人民政府网的大唐秦王陵介绍。

[2] 宝鸡市考古研究所编著：《五代李茂贞夫妇墓》，科学出版社 2008 年版，第 160 页。

[3] 参见宝鸡市考古研究所编著《五代李茂贞夫妇墓》，科学出版社 2008 年版，第 179 页。

[4] （宋）司马光编著，（元）胡三省音注：《资治通鉴》卷二六六，中华书局 1956 年版，第 8676 页。

[5] "端门"相传为天帝紫微宫、太微宫的南天门，中国古代皇城南门多取"端门"之名。贤德太夫人墓葬中设置端门以显示其生前的帝后身份。

[6] 宝鸡市考古研究所编著：《五代李茂贞夫妇墓》，科学出版社 2008 年版。

[7] 刘军社：《李茂贞与秦王陵》，三秦出版社 2006 年版。

[8] 参见咸阳市文物考古研究所编著《五代冯晖墓》，重庆出版社 2001 年版。

[9] 参见河北省文物研究所、保定市文物管理处编著《五代王处直墓》，文物出版社 1998 年版。

[10] 参见温廷宽编著《王建墓石刻艺术》，四川人民出版社 1985 年版。

[11] 根据相关文献资料记载，李茂贞割据凤翔时期，曾与川蜀的割据势力王建有过政治上的军事博弈。

[12] 冯晖（894—952），魏州人。五代时期朔方军节度使，后周广顺二年（952）夏病故，葬于邠州（今陕西省彬州市）。

[13] 宝鸡市考古研究所编著：《五代李茂贞夫妇墓》，科学出版社 2008 年版，第 56 页。

[14] 参见黄竹三《"参军色"与"致语"考》，《文艺研究》2000 年第 2 期；康保成《"竹竿子"再探》，《文艺研究》2001 年第 4 期。

[15] 参见（宋）耐得翁《都城纪胜》"瓦舍众伎"条；孟元老《东京梦华录》卷九"宰执亲王宗室百官入内上寿"条。王国维在《宋元戏曲史》第七章中谈及"参军色手执竹竿子以句之"时，直接称为"竹竿子"。参见王国维《宋元戏曲史》，华东师范大学出版社 1995 年版，第 75—77 页。

[16] （唐）杜佑撰，王文锦等点校：《通典·乐四》卷一四四，中华书局 1988 年版，第 3673 页。

[17] （汉）刘熙撰：《释名·释乐器》，中华书局 1985 年版，第 106 页。

[18] （清）允禄等：《律吕正义后编（卷六十八）·乐器考七》，载《文渊阁四库全书·经部》，

台湾商务印书馆 1984 年影印版，第 217—149 页。

［19］康保成：《"竹竿子"再探》，《文艺研究》2001 年第 4 期。

［20］王国维言，转引自康保成《"竹竿子"再探》。

［21］麻国钧：《竹崇拜的傩文化印迹——兼考竹竿拂子》，《民族艺术》1994 年第 4 期。

［22］王处直（862—923），京兆万年（今陕西西安）人。官拜义武军（治所定州）节度使，节制易、定、祁三州，为五代河北地区的重要藩镇将领。

［23］（宋）薛居正等撰：《旧五代史·乐志上》卷一四四，中华书局 1976 年版，第 1923 页。

［24］（唐）杜佑撰，王文锦等点校：《通典·乐六》卷一四六六，中华书局 1988 年版，第 3718 页。

从敦煌壁画中的吹管乐器看唢呐的起源与发展

王安潮

敦煌壁画留存了大量古代乐器图像，在反映各个时期乐器发展状况的同时，也为其历史起源及发展踪迹提供了线索。敦煌壁画所绘乐器不仅数量众多，种类也较为丰富，是古代画师对当时音乐实践的艺术反映。从史料来看，敦煌莫高窟绘有大小型乐队 500 余组，乐伎 3000 余人，乐器 44 种共计 4000 余件，它们为我们研究乐器史提供了较为直观的历史认知物象。其中的吹管乐器的史料，为探讨唢呐的起源及发展等问题提供了重要的证据，而对于解决学术界关于唢呐的起源的争议，敦煌壁画的吹管类乐器研究则至关重要。这是笔者选择敦煌壁画中的吹管类乐器的缘起，并想以此为线索，展开对唢呐起源、发展等若干问题的探讨，并希望对敦煌之外壁画中的史料及相关的典籍文献比对，力图辨析唢呐的相关问题。

一、唢呐起源说述评

目前学术界关于唢呐起源的观点主要分为三类：波斯、阿拉伯说，龟兹说，以及"二元说"。

其一是波斯、阿拉伯说。

这种说法最具代表性的观点是日本学者林谦三的《东亚乐器考》中的论述："中国的唢呐出自波斯、阿拉伯的打合簧（复簧）乐器苏尔奈。"[1] 林谦三提出此说法主要是从语言方面进行考虑，他认为唢呐这个名字是波斯语 zournä 的音译。"唢呐这名字的音韵就表示这是个外来的乐器。""其原语出于波斯语 zournä（zurnā）。"林谦三所言的"波斯、阿拉伯说"在中国广泛流传，对中国学者产生了较大的影响。其在书中还提到，唢呐传来的时期，从文献上看不能上溯到明初以前。

他在论述中说道，唢呐在明朝的名称有锁呐（《武备志》）、锁鏴（《日本考》），琐嗦（《三才图会》）等三种。戚继光《纪效新书》的号笛，也是其中之一。《武备志》云：《纪效新书》曰：操令凡二十条。凡掌号笛，即是吹锁呐。《三才图会》云：琐嗦，其制如喇叭，七孔。清朝的名称为"琐嗦"（《律吕正义》前、后篇，《御制五体清文鉴》《大清会典图》），"锁哪""琐嗦"（《钦定续文献通考》），"苏尔奈"（《大清会典图》《皇朝礼器图式》）。其字音多是同一原语或其亲近语的音译，其原语出现于波斯语 zournä（zurnā）。举其类语：10 世纪的阿拉伯音乐家阿尔·法拉皮（Al.Farabi）已记为 sournay。明代还将喇叭、铜角、嗦罗等都作为军中的吹管乐器，明末期则如《三才图会》所说，渐次普及到民间。清朝又出现若干新名。如《律吕正义》说：金口角，旧名琐嗦，木管，本小末大，上下金口，加芦哨吹之。现代亦有唢呐、海笛、苏捺、叭哪等称。大型的叫唢呐，小型的叫叽呐、凯笛、海笛，用于戏曲音乐。民间又讹称为笛子、觱篥、喇叭等叫法。

还有一位学者也持类似观点，他是早于林谦三的著名乐器学家萨克斯。如《乐器史》论述："我们可以认为 oboe（即唢呐——笔者）是在闪族世界被创造出来的，可能是在亚洲次大陆和阿拉伯之间的某个地方。这可以由它的美索不达米亚名字来证实。"在美国出版的《世界乐器》一书的附录中也写道："shawm（即唢呐——笔者）家族的乐器可追溯到古代中东和欧洲文明。"[2] 其中所言的中东，即是指 sournay。

同为日本学者的岸边成雄也认为"唢呐"应是波斯语 sournay 的音译，但他认为唢呐是从南方传入中国的。我国 20 世纪 80 年代以前的著作和文章在提到唢呐的起源时，多是采纳起源于波斯、阿拉伯的说法，由此可见，林氏的说法影响深远。

其二是龟兹说。

周青葆在 1984 年发表的《唢呐考》一文持有这一观点，周文从新疆拜城克孜尔石窟第 38 窟壁画中的唢呐而由此提出了这一唢呐起源说。

周文中指出："关于唢呐的历史，阿拉伯史书中记载说：'公元六世纪，阿拉伯人常用它与其他乐器搭配在一起演奏，七世纪在军中占显著地位。八世纪后作用一落千丈，原因是伊斯兰教不提倡。'由此可知阿拉伯使用唢呐的历史上限只到公元六世纪。"[3] 他还展开说："该窟于公元三世纪开凿，由此而看，至迟在公元三世纪唢呐已在新疆地区使用。"另外，他认为 sournay 这个词不是波斯语而是突厥语。

因此，他认为唢呐最早产生于新疆，是古代维吾尔族人的贡献，而后再由突厥民族传到阿拉伯、印度，又由阿拉伯人传入欧洲。周青葆从实物例证出发，包括他后来的一些著作、大型画册，其中都有不同篇幅的阐释，都在强调克孜尔石窟壁画中的唢呐，对于学术界原来持有的波斯、阿拉伯之起源说没有再提及，可见他对波斯、阿拉伯说的不认同。

其三是"二元说"。

"二元说"是山东省嘉祥县文化馆贾衍法提出的。他在 1996 年撰写的《乐声如潮的唢呐之乡》一文中介绍了山东嘉祥武氏祠的汉画像石上"刻有一幅完整的鼓吹乐队，左边二人右手执排箫演奏，左手执鼗鼓摇节相和；右边二人分别吹奏笙和笛；而中间一人所吹奏的乐器，上尖下圆呈喇叭口状，既不是竽篥又不是角，正是唢呐"。贾文认为，唢呐在东汉时期已在当地流行，只不过那时不叫唢呐而叫"大笛"，到了明代"才吸收采用了波斯语的音译 sournay"。他据此说道，唢呐在内地流行的年代又比龟兹早了 200 年左右。此观点认为，除当地有唢呐外，波斯也有，因此，贾衍法将其简称为"二元说"。

刘勇在其文《中国唢呐艺术研究》中提到，这块浅浮雕，凸起的部分是器物的图像，剩余的凹下部分是空白。石上刻有 13 个人物形象，左面 5 人组成一个乐队，中间 3 人耍杂技，右面 5 人至少有两人是在演奏乐器。这块画像石展现的是一个娱乐场面。左面 5 人的乐队中，最中间一个即被认为是在演奏唢呐。奇怪的是，其余乐器的图像均为凸起画面，仅那支"唢呐"的画面竟然不属于凸起的部分，而是在凹陷区域里面由两条线形成。管口下方有一团模模糊糊的黑影（黑色为拓片所致），被认为是喇叭口。由于持乐器者的双手并无图像显示，因而其演奏姿势也不尽人知。仅凭观察，很难确定那两位乐人就是在演奏唢呐。故此可想，此石不排除石刻艺人的写意手法。

从刘勇文中的描述与分析不难看出，他是认为"二元论"还有待于考证。

二、唢呐发展阶段论

除了起源的观点不同外，对唢呐的发展，敦煌壁画及其相关文献也可见其端倪。

汉代的战争频发，鼓吹乐渐兴，画像砖（石）中有大量的吹管乐器，其中也有类似唢呐形制的乐器。唐代中西交流兴盛，宫廷部乐中也有大量吹管乐的记载。

在《中国音乐文物大系·北京卷》第202页中，载有一幅北京故宫博物院藏唐代骑马吹唢呐俑的图像：骑马者头戴风帽，身穿窄袖无领长衫，双手持一唢呐正在吹奏，唢呐管身比较短粗。这是唐代唢呐乐见诸史料的记载之一。如果说云冈第6窟、敦煌第249窟的图像还在某种程度上对唢呐的存在有一定疑惑的话，那么故宫的这件唐代泥塑图像，则可见当时有此类吹管乐的记载，是第一件明确无误的图像资料。从敦煌壁画等相关资料可以看出，早在北魏，至迟在唐代，唢呐已在音乐实践中有所使用，才有画工为之塑形。

在宋元时期，关于唢呐的图像记载，有山东泰安岱庙天贶殿的《泰山神启跸回銮图》壁画，该画中的乐队里有唢呐2支。此殿建于北宋，但据《中国民族民间器乐曲集成·山东卷》中的研究，画中的唢呐为明清时补绘，故尚不能明确为宋代的唢呐记载证据。但据郑汝中先生考，四川广元皇泽寺中一块砖雕上有唢呐图形。该寺建于南宋。既然唐代已有，南宋再有就属正常，并且砖雕重新制作的可能性不大，所以，从时间上看，这一史料是值得重视的。

另外，云南纳西族东巴教经典画卷《神路图》中有一乐舞场面，乐队由三人组成，分别演奏号筒、角、唢呐。只是这幅画的绘成年代尚不确定，有人认为是唐代，有人认为是明代，而中国音乐研究所（今中国艺术研究院音乐研究所）编制的中国古代音乐史教学幻灯片将其划入宋元时期。

云南与东南亚的缅甸、老挝、越南等国接壤，而四川又与云南比邻，这里的唢呐固然有可能是从中原传入的，但是否同样可能如岸边成雄所言，是从南方传入的呢？目前尚无充分的证据，只能存疑。从这些资料看，起码在宋代，唢呐尚无普遍使用的迹象。

唐代以前传入的唢呐虽然并没有在中国流行开来，但在蒙古族的三次西征中却有可能使唢呐再次传入。据张星烺翻译的《马哥孛罗游记》记载："现在双方都已准备，没有别的事，只有去打仗了。以后，人就可以看见和听到许多乐器声音作起来了（特别是那二弦的乐器，有最愉快的声音）。也能听到许多喇叭的吹声，和许多的高唱。"在另外两个版本中，"喇叭"被译成"各种各样管乐器"和"各种各样的管乐器"。[4]当然，三个版本都没有直接提到唢呐，但既然是"许多喇叭"和"各种各样的管乐器"，其中会不会与唢呐存在相关联系呢？唢呐在西亚被用于军乐，蒙古军队把它用于军乐也是有可能的。据蒙古族学者扎木苏先生研究，蒙古军队从前在军乐中是用过唢呐的。这样，在南下的时候，唢呐就会随着蒙古军队来到中原，并且在这里扎下根来。[5]如果上述推论成立，那么元代以来，中原地区唢呐的流行就会日趋普遍，金在元之前，唢呐的流行程度必然不如元代。

明代不仅有了关于唢呐的文字记载，还在壁画和雕塑中也出现了越来越多的唢呐图像，造像的写实性越来越强。如山西汾阳圣母庙壁画中绘于明嘉靖二十八年（1549）的唢呐，与今日的唢呐十分相近。另外，在拉萨大昭寺、泉州开元寺和岱庙中，也有造型逼真的唢呐；在江西明益庄王墓出土的吹奏乐俑和四川华阳明墓出土的吹奏乐骑俑中，也都有持唢呐者，形象真切而生动。据《中国民族民间器乐曲集成·四川卷》载，1982年，重庆市铜梁发掘了两座明代官员的墓葬，一座为嘉靖时期，另一座为万历时期。这两座墓中各有一组仪仗俑，并且每组各有两个吹唢呐俑。另外，一些小说、唱本的插图中也频繁出现唢呐的图像，如明刻本《蓝桥玉杵记》和《灵犀锦》等。

明代的有关文字对唢呐的历史、形制及功用作了较细致的记述，现择要录之如下：

明代的徐渭《南词叙录》中记载："中原自金、元二虏猖乱之后，胡曲盛行，今惟琴谱仅存古曲。余若琵琶、筝、笛、阮咸、响盏之属，其曲但有【迎仙客】【朝天子】之类，无一器能存其旧者。至于喇叭、唢呐之流，并其器皆金、元遗物矣。乐之不讲至是哉！"

明代的戚继光《纪效新书》中记载："凡掌号笛，即是吹锁呐。"

明代王圻《三才图会》中记载："琐嗦，其制如喇叭，七孔，首尾以铜为之，管则用木。不知起于何时代，当是军中之乐也。今民间多用之。"

明代的《在阁知新录》中记载："近乐器中有锁呐，正德时词曲作'唆呐'，盖后起之名，故字体随人书也。"

明代的王磐《朝天子·咏喇叭》中记载："喇叭，锁那，曲儿小腔儿大。官船来往乱如麻，全仗你抬声价。军听了军愁，民听了民怕，那里去辨什么真共假？眼见的吹翻了这家，吹伤了那家，只吹的水尽鹅飞罢！"

从上述文献可知，金、元时期的唢呐已遍及各种场合，至明则更加广泛，不但用于军乐，而且用于官场迎送和民间活动，与百姓的生活紧密相连了。但此时尚未见用于宫廷的记载。

清代是唢呐艺术的繁荣时期。从现已搜集到的民间口碑资料来看，家传十几辈的艺人并不少见，其时段正好跨越清代。这个繁荣时期的到来可能与大量地方戏曲的出现有关。清代使用的乐器，有许多留传至今。另外，清代大量文献记载了唢呐在宫廷中的应用情况。从中可知，这时宫廷中的唢呐由于来自不同地区而名称多样，且形制亦有差异：

清代同治年间编绘的《大清会典》中："金口角，木管，两端铜口，上弇下哆，管长九寸八分九厘……""海笛，如金口角而小，管长六寸二分……""苏尔奈，一名琐呐，木管，两端饰以铜，上敛下哆，形如金口角而小。管长一尺四寸一分四厘……上加芦哨吹之。九孔，前出七，后出一，左出一。""得梨，似苏尔奈而小。""聂兜姜，木管铜口，如竹节形，近下渐哆。管长一尺三寸二分……前七口，后一口……象牙为饰，加芦哨于上吹之。聂聂兜姜，形如金口角而小，木管木口，管长八寸六分……余与聂兜姜同。"

这里的"聂兜姜"和"聂聂兜姜"是出于缅甸乐中的乐器，是从缅甸传入的，是唢呐从南方传入中原的史料见证。以上各种唢呐形制不同，名称也不同。

这时，在同一种名称下，也出现了分别担任高、中、低音的小、中、大不同形制的唢呐，形成了一个乐器家族，如清代乾隆年间官修的《钦定续文献通考·乐八》中记载："唢呐有大、中、小三种，最小者一名咔呐，音色优美，尝与丝竹合奏。红木，铜管口，芦哨，亦分大小。大者音低，小者音高。"

唢呐在宫廷中，主要用于宴饮和仪仗，《钦定续文献通考·乐十三》中记载："回部乐：凡筵燕回部，司手鼓一人，即达卜；司小鼓一人，即那噶喇；司胡琴一人，即哈尔扎克；司洋琴一人，即喀尔奈；司二弦一人，即塞他尔；司胡拨一人，即喇巴卜；司管子一人，即巴拉满；司金口角一人，即苏尔奈。"

唢呐在仪仗中的使用也有大量记载，如《钦定续文献通考·乐一》中："'御前仪仗内乐器'：上命酌量裁减，寻议准：锣二、鼓二、画角四、箫二、笙二、架鼓四、横笛二、龙头横笛二、檀板二、大鼓二、小铜钹四、小铜锣二、大铜锣四、云锣二、唢呐四、乐人绿衣。"

在《钦定续文献通考·乐十》中："凡卤簿乐有五：一曰前部大乐，陈大架卤簿、法架卤簿则乐部和声署设于卤簿之前。均用大铜角四、小铜角四、金口角四，器各以署史一人司之；一曰铙鼓大乐，陈大架卤簿，则乐部銮仪卫率官校等设铙鼓大乐于前部大乐之次，器用金二、次铜鼓四、次铜钹二、次行鼓二、次铜点二、次笛四、次云锣二、管二、笙二、次金口角八、次大铜角十有六、次小铜角十有六、次蒙古角二、次金钲四、次画角二十有四、次龙鼓二十有四，器共以署史四十八人、民尉一百八十八人司之陈。"

清朝的《通典·乐二》："'时巡省方铙歌鼓乐'：铙歌清乐……凡二十七章，其乐器有大小铜角、金口角、蒙古角、金鼓、点钹、云锣、笙、笛之属。"

《通典·乐四》："'皇帝亲躬'：南郊卤簿鼓吹导迎乐器前部大乐大号四、小号四、金口角四、和声署史十有二人。鼓吹大乐金四、金钲四、钹二、鼓二、点二、笛四、云锣二、管二、笙二、金口角八、大号十有六、小号十有六、金钲四、画角二十有四、鼓二十有四、横笛十有二、拍板四、杖鼓四、鼓二十有四，署史二十有八人，民尉百七十有六人，画角前、鼓后。""'北郊卤簿鼓吹导迎乐器'：前部大乐大号四、小号四、金口角四，和声署史十有二人……"“‘皇帝巡幸铙吹乐器'：大铜角八、小铜角八、金口角八、云锣二、龙笛二、平笛二、管二、笙二、金二、鼓四、铜点四、钹四、行鼓二、蒙古角二。"“‘皇帝亲征鼓吹大乐器'：金二、金钲四、钹二、点二、鼓二、笛四、云锣二、管二、笙二、金口角八、小号八、大号八。"“‘凯歌郊劳铙歌乐器'：金四、大铜角四、小铜角四、锣二、铜鼓二、铙四、钹四、小钹二、金口角八、花腔鼓四、得胜鼓四、海笛四、管六、箫六、笛六、笙六、簌四、云锣四、人各一器，司铙革二十人。"

《清史稿·乐志八》："‘铙歌大乐'用金口角八、铜鼓二、铜点一、金一、钹一、行鼓一。"

从上述大量文献的记载可见，在很多编制的仪仗乐队中，唢呐都是其中的组成部分之一。有的文献中还记载了少数民族歌舞音乐中有唢呐使用的情况：

清朝《通典·乐二》："‘杂乐'：回部喀什噶尔，其俗于十月朔日、十二月十日大伯克率众张鼓乐赴寺拜天，并庆贺宴会。回民吉礼用鼓二、胡琴一、三弦二、筝一、乐人席地而坐，以手拍鼓，众乐从之，声音和……每岁二月谓之年头，彼此宴会，幼子幼女相率歌舞，其器大鼓、小鼓、铜号、铰子、唢呐、喇叭、三弦、哈龙。"“回民吉礼用乐，男女歌舞叶尔羌和阗，乐器有筝、三弦、琵琶、胡琴、管、喇叭、唢呐、鼓、钹……库车、沙雅尔乐器有大鼓、小鼓、喇叭、唢呐、三弦、筝……"“花苗凡节序击铜鼓吹喇叭，欢聚赛神。漫且男妇作欢，吹叶吹笙，音节流畅，和以夷曲，其音暗然咿然，亦可听。"

由此看来，唢呐在清朝的音乐生活中占有了一定的地位，是雅俗共赏的乐用所需了。民间的音乐活动历来较少在官方典籍中得到反映。但众所周知，清代民间唢呐音乐的繁荣，是宫廷音乐所不能企及的。民间的婚丧嫁娶、节庆仪式及戏曲歌舞等表演艺术，都是唢呐的用武之地。也正是在民间生活之中，唢呐音乐才得以快速发展，枝繁叶茂，这从目前各省市区《中国民族民间器乐曲集成》中存有大量唢呐曲与合奏曲可见一斑。

三、敦煌壁画吹管类乐器中的唢呐潜形

敦煌壁画中的吹管类乐器有各种各样的种类，它们共同展现了处于中外文化汇聚之地的敦煌在音乐史上的突出定位，对其进行考述除了有助于更为深入、全面地认识它们的形态，还有助于发掘其中较少现身的唢呐及隐含其间的历史踪迹。按照分类分述如下：

其一为直吹类管乐器。

竖笛是与唢呐持奏方式相近的乐器，与唢呐有时难以分辨。作为古代竖吹竹管的气鸣乐器，古时竖吹之笛名称甚多，有直笛，竖吹、单管、中管、幢箫、尺八等，传统乐器中与之相似的有洞箫。敦煌壁画中的竖笛较多，常有与之相对的同时出现的相伴乐器。如第 251 窟北魏南壁天宫乐伎中的竖笛与横笛相望对奏，造型与姿态较为夸张。

筚篥也是与唢呐相近的直吹类古代哨管乐器，文献中记载有"觱篥""悲篥"或"茄管"等名称。与今天流行于北方的传统乐器管子有着较多的渊源关系。敦煌所绘的筚篥较今天的管子要稍微长一点，长度有时和竖笛相似，哨嘴也较大，管体较笛粗壮。竖笛与筚篥在壁画中很容易混淆，仔细分辨可以区别：竖笛较长，有吹口，吹奏时两手靠下；筚篥较短，稍细，在一端插有哨嘴，按指靠上。敦煌壁画上有很多筚篥图像，从北魏至西夏时期的洞窟中均有筚篥乐器，如第 154 窟中唐北壁中的筚篥哨与管斜接得好，音孔清晰可见，演奏者以嘴含着哨子，指按音孔在演奏，姿态较为清晰。

其二为横吹类管乐器。

与唢呐直吹的方式不同的是横笛，它是横管类乐器的一种，即今日所流行的竹笛，为吹管乐器中的主要乐器。横笛是壁画中为数最多的吹管乐器，仅莫高窟壁画中所绘，就见有 500 余支。其中，最早始见于壁画中的是北凉的第 272 窟，它由天宫乐伎演奏。

篪是与横笛连类的一种横管乐器，周代已有记载和流传。篪与笛的区别在于篪六孔，两端封闭全身髹漆，而笛不髹漆也不封口，敦煌所绘为笛。

义嘴笛是一种横管类乐器，为敦煌特有的一种带钩横笛，其形态与普通

横笛相似，唯在吹口一端多出一小段枝权状物，似竹节留存的一小段枝条，与发音无关，推测为一种装饰挂钩，便于携带或悬挂。敦煌壁画上义嘴笛图像不十分明显，在第164窟自鸣乐中有一件吹口部位处似有加嘴，它可能就是义嘴笛。

凤笛为横笛的一种，即在笛之两端，装饰有凤头凤尾，并加以彩绘。其见于榆林窟元代第10窟，是敦煌壁画中横吹笛的一种变形。

其三为编管类乐器。

排箫与唢呐形制差异较大，作为古代编管乐器，它在文献中也有箫、比竹、胡直等称谓。敦煌壁画中的排箫位置显著，造型华丽，极富仙乐幻觉的意境，是妙音主要的表现符号之一。莫高窟绘有300余支排箫，形态不尽相同，主要形制为两种：一种为单排两端同样长度的竹管；另一种为一边长，一边短。这两种史籍都有明确的记载，前者称为底箫，后者称为洞箫。壁画中的排箫自北魏始，一直到元代。

笙与排箫的不同之处在于它是竹制簧管类乐器，由斗子、簧管、吹嘴三部分组成。敦煌所绘笙的三个部位差异很大，基本形态是圆形笙斗、木制或匏制。簧管数量及围匝的形式类似今日的笙，都有茶壶嘴状的吹嘴，但长短及弯曲的形式很不相同。

其四为其他类的管弦乐。

角与唢呐有着相似的外形，同属于古代胴腔类气鸣乐器，它是以兽角制成，其中用牛角者居多，作为原始社会就有的自然材料制作的简单乐器，它的发音高亢凌厉，适于远传声音，所以，后来为古代军营所使用，是鼓吹横吹乐的乐器之一。还有绘有花纹的彩纹陶角，图案的装饰性使其很受欢迎。成语"杯弓蛇影"即为画角引出的典故，说明当时的画角曾有龙蛇之类纹样的装饰。据文献记载，花纹、颜色标志着封建社会的等级，特别是在军营中，画角是用以区别官职等级的。

作为金属管制成的乐器，铜角是在敦煌壁画后期出现的。有学者认为它是由画角演变来的，见于肃北五个庙西夏石窟及榆林窟元代第10窟。它对研究唢呐的来源及世界上的铜管乐器也有历史意义，是管乐器由木质到金属质的过渡性形态。

贝也是胴腔类气鸣乐器，是海螺、蠡梵贝等天然材质的腔体发展而成的乐器。因其腔体共鸣的原因，其发音音量甚大，常以呜呜长鸣而显著。它没有固定音高，在鼓吹乐队中地位较低。敦煌壁画中的贝有三种用途：一是作为乐器，用于天宫伎乐、飞天伎乐或经变乐队之中；二是作为法瑞，护法神手持，作为仪轨、礼器之象征；三是作为供品，是对佛的供奉礼品。

埙是华夏古老的吹奏乐器之一，用陶土烧制而成。作为胴腔类气鸣乐器，在文献中记载较多，在周代的"八音分类法"中居于"土"之属。埙的形状为上锐底平，状如鸡蛋，古时形制大小、音孔多少并不一致。殷代之后，埙一直为五音孔，不过周代有六音孔。埙的形状还有桃形、鱼形等。这种乐器上古时曾为雅乐必用的乐器，后来俗乐也用。埙在敦煌壁画中因其造型难辨，故见于史料记载者较少。

从上述敦煌壁画资料中的吹管乐器来看，其特征首先是种类繁多、吹法各异，而与唢呐的形制相近或相异是图像比对的重要视点；其次是这些管乐器独立出现于壁画中的却少得很，多是以组合的形式出现，这与汉代的鼓吹乐，唐代的宫廷九部乐、十部乐的文献记载相对应；再次是敦煌壁画中出现的唢呐图像较少，有一些只是相似，尚未在学术界达成共识。

从吹管乐器种类比较来看，它们存在与唢呐相类的可能性。其中之一就是在鼓吹乐中常见的"角"，与唢呐有类似之处。据杨荫浏先生考证，最初的角大概是用动物天然的角吹奏的，后来进一步有用竹、木、陶土、皮革、铜等材料制成的。在秦末汉初之际（约公元前206年），角为班壹的戍边之用，设立鼓吹乐队。汉代所用的角形体很大，已经不是动物天然的角，而是人工制成的角了。汉及其后的"角"用于军中时，乐器被予以较多的人为加工，为后来出现的铜制唢呐提供了物质基础。

在敦煌莫高窟第83窟（西夏时期），其上部的自鸣乐中也出现了一件喇叭形状的乐器，其上部喇叭口的形态特征十分明显，管身的现状呈现出上细下粗的形制，虽上部吹口处有些模糊，但其总体形状与明代"曲儿小，腔儿大"的唢呐更为相像。从敦煌往西，在"丝绸之路"沿线的新疆克孜尔石窟，其中的第38窟壁画上有了唢呐类的乐器图像，它还与一把直颈琵琶对奏，这与敦煌乐器组合的方式相似。此外，在新疆维吾尔族使用的木质唢呐——维吾尔语呼之为"苏尔奈",与其在形制上有相像之处。现在的唢呐是木质的管身和金属质的喇叭口分开的形制,它似是敦煌、克孜尔壁画中的木质与典籍中的金属质的角之融合。

从起源说和发展线索来看,敦煌壁画中的吹管乐器为唢呐的历史存在提供了史料基础。相较于图像中的史料,文献中却有着较多的唢呐记载,也许敦煌壁画所绘的佛国世界中,唢呐的声响不适于"妙音"的场景。而敦煌以西的克孜尔石窟壁画中却有了唢呐的身影,从中展现其来源和发展的踪迹,这是本文考索敦煌壁画吹管乐器的新识所在。

（王安潮,西安音乐学院西北民族音乐研究中心教授）

注释

[1][日]林谦三:《东亚乐器考》,钱稻孙译,上海书店出版社 2013 年版,第 439 页。

[2][德]萨克斯:《乐器史》,美国诺顿公司 1940 年版,第 72 页。

[3]周青葆:《唢呐考》,《中国音乐》1984 年第 3 期。

[4]参见刘勇《中国唢呐历史考索》,《中国音乐学》2000 年第 2 期。

[5]参见扎木苏《扎赉特民歌源流及其他》,《内蒙古大学艺术学院学报》2008 年第 1 期。

敦煌乐舞史料的类型学研究

王安潮

敦煌是丝绸之路上的重要文化交汇点，敦煌壁画中的乐舞艺术是其重要的内涵之一，对其进行音乐史料整理与辨析，是中国古代音乐史研究中重要的挖掘对象。它从 20 世纪初开始就成为国际性的研究对象，"敦煌学"也被认为是百余年来最为引人注目的世界性的显学之一，随着林谦三开始乐谱研究后，几代学者对其乐舞图像进行了各种视角的研究。近年来的"一带一路"文化语境的涌现，助推了更多的学者参与到这一学术思潮之中。其中，像郑汝中、庄壮、牛龙菲、高德祥等学者，因长期居于敦煌文化腹地，他们借助地利之便获得了大量史料。尤其是郑汝中先生，在长期的文化浸润之中，他以"局内"的视角对敦煌乐舞史料的内涵做了丰富而全面的解读。因此，其论文集《敦煌壁画乐舞研究》中所体现的敦煌乐舞壁画研究，在深入文化的分期和图式研究中，尤其在乐伎、舞伎、乐器的造像梳理，以及乐舞仿制研究、敦煌曲谱、飞天艺术综论等方面[1]，对敦煌壁画乐舞图像的形态个性特征、文化共性内涵做了较为深入的阐释，这些对今天我们认识敦煌乐舞艺术的史料也将起到基础性指引作用。

本文学理源自西方学者科姆里（Comrie）、韦里（L.J.Whaley）等所倡导的类型学研究，它在要素和特征的对应性上做个性、共性的辨析[2]，这是对史料的微观个性价值与宏观共性特征认知的很好的视角之一，尤其对于像敦煌乐舞图像这样的史料，其数量的繁多、时间跨度的芜杂，需要引入类型学的方法做新的学理探析。基于艺术类型学中的一般本质与个别存在的考虑，对其进行分组分类的属性与特性的研究[3]，更是近年来的新型视角。以此来看，郑汝中等人著述中所展现的敦煌乐舞图像史料，在表（包括数据）、图（包括技法分析）等方面，需要做共性的相似内容的分类，在排除乐舞图像整合分组的基础上，对敦煌壁画中的各种史料进行分类列表，例如：乐伎表、乐器表、"仿制乐器"统计表、乐舞壁画图式等，莫高窟的音乐洞窟统计表、经变画音乐情况统计表、壁画乐伎分类统计表、壁画乐器统计表等。这些史料的统计数据对插图、线描等手法予以直观性呈现，这对认识其中乐舞图像的内容及其类型、所反映的乐舞形象极为有益，是非常有效的形式。

从壁画史料来看，郑汝中《敦煌壁画乐舞研究》一书中的 47 幅壁画有天宫乐伎图 5 幅、飞天乐伎图 6 幅、化生乐伎图 2 幅、菩萨乐伎图 2 幅、文殊普贤经变图 2 幅、天王乐伎图 1 幅、药叉乐伎图 2 幅、金刚力士乐伎图 1 幅、迦陵鸟乐伎图 3 幅、经变画乐队图 4 幅、经变舞伎图 2 幅、不鼓自鸣乐器图 5 幅、华严海乐伎图 1 幅、故事画乐伎图 4 幅、供养人乐伎图 1 幅、宴饮图乐伎 1 幅、嫁娶图乐伎 1 幅、出行图乐伎 2 幅、百戏图 2 幅。此外，还有敦煌曲谱图 1 幅，仿制乐器图 10 幅、壁画乐器线描图 31 幅、敦煌壁画乐伎线描图 8 幅、敦煌经变画 2 幅、敦煌乐舞壁画图式 17 幅。从其史料分析，所示的、有典型意义的图像可归纳为 14 种图式，分属装饰性图像、写实性图像两类。装饰性图像有天宫伎乐、飞天伎乐、化生伎乐、护法伎乐及不鼓自鸣乐器[4]；写实性图像包括菩萨伎乐、文殊普贤礼佛乐队、经变说法图乐舞、供养人乐舞、故事画乐舞、百戏图乐舞、出行图乐舞、嫁娶图乐舞、宴饮图乐舞。

由上可见，图的种类多样，内涵丰富，较为全面地展现了敦煌乐舞图像在音乐文献上的资料。本文将从其中所涉及的音乐史料进行类型学研究，从其所表现的不同内涵而来辨析其形态特点及历史价值；对其中涉及乐舞的史料进行乐伎、舞伎形象的归类辨析，针对其分布位置再做相应的特点辨析。

一、乐伎史料的分类辨析

敦煌壁画所绘乐伎均出自佛典，主要分属天界和人间，分别称为"伎乐天"和"伎乐人"。郑文认为，伎乐天是佛的侍从，"表示礼赞和奉献"（见郑汝中《敦煌壁画乐舞研究》第205页），包括天宫乐伎、飞天乐伎、化生乐伎（化生菩萨乐伎、化生童子乐伎）、护法神乐伎（天王乐伎、金刚力士乐伎、药叉乐伎、伽陵鸟乐伎）、经变画乐伎（胁侍菩萨乐伎、文殊普贤经变乐伎、礼佛乐队乐伎、故事画乐伎）。伎乐人（或称供养人乐伎）指"世俗社会生活中的各种音乐表演者"（见郑汝中《敦煌壁画乐舞研究》第205页），包括供养人乐伎、出行图乐伎、嫁娶图乐伎、宴饮图乐伎。敦煌壁画中各种乐伎的分布、内容及特点见表1。

表1 敦煌壁画乐伎

分类	乐伎	分布情况	造型、形态等特点
伎乐天	天宫乐伎	窟顶与四壁交界处、环窟四周，绘有带状之宫门栏墙，绘无数并列之方格，呈天宫圆券城门洞形，每门洞中蹲一奏乐或舞蹈之天人（在安排上一般为乐舞相间）	多为男性，高鼻深目，双眉连成一线，头上束髻，上身赤裸或着袈裟，或系裙披巾，其脸型及服饰具有西域特征。或持各种乐器，或合掌，或持花，或持彩带、花环，或以手势及身体的扭动呈歌舞状
	飞天乐伎	1.窟顶、藻井范围内，在龙凤图案或其他中心纹饰之处，常绘有一圈飞天 2.在墙壁的上端，常沿壁画有飞天 3.在中心柱，佛龛内外 4.在经变画中（早期绘制飞天并无严格位置，后来洞窟布局逐渐定型，飞天主要绘在壁之上端，沿窟四周）	早期（北凉至北周）比较自由，形体粗犷笨拙，有浓厚的西域风，身体的飞动凭四肢摆动或依靠衣裙的飞舞（无飘带）；为男性特征，上身袒露或全身赤裸；所持乐器品种不多且画得简陋，看不出演奏细节 中期（隋唐时期）身体逐渐灵活，人物形态变化明显，由男性逐渐转为女性，衣裙裹足，有飘带飞动，多为牙旗状，线条粗犷而有棱角；进入唐代后，人物脸型圆润丰满，体态雍容，裙带线条流畅、轻盈、飘逸 晚期（五代、宋、西夏、元时期）特点为白描勾线、施彩的仕女画风；飞天的表现多在于飘带的构图，如以云层、花草图案的陪衬进入了一个新阶段，但变化不多，相袭雷同。所持乐器品种剧增，很多在乐队中未曾绘制的乐器在飞天中偶尔出现，如胡琴、手鼓、锣等，并且可以看到某些乐器的演奏技法发展和细微的演奏状态
化生乐伎	化生菩萨乐伎	佛龛内外，立或坐于莲花之上的菩萨或童子。特别在正面龛楣之上，在各种花草纹、云纹的簇拥中，对称地排列数名化生乐伎，多为童子伎	凡是在莲花上的乐伎都可称为化生乐伎，可分为化生菩萨乐伎、化生童子乐伎等两种类型，手持各种乐器，形态生动变化多端
		在人字披之两坡，常绘有化生乐伎	多为男性菩萨，身着袈裟、直立，脚踏莲花，手持乐器。有西域特征，莲花简单而概括，只用绿色或黑色画一圆圈或相连的五六个圆点或瓜子形，是一种象征性寓示

分类	乐伎		分布情况	造型、形态等特点
伎乐天	化生乐伎	化生童子乐伎	在经变画中，在礼佛乐队前面的莲花池中，常有一群光身儿童(化生童子)在水中嬉戏	一般不持乐器(持乐器的化生童子乐伎在莫高窟第9窟，南壁下端画有两朵大荷花，花瓣张开，里面坐着两组乐伎，一组为筌篌、琵琶、拍板、竖笛，另一组为拍板、竖笛)
			佛龛下方或龛的左右下壁，称为壶门，壶门绘有很多方格，每格之内有一身化生乐伎	坐在莲花上手持各种乐器
	护法神乐伎	天王乐伎	最早者在北魏第257窟中心柱龛外北侧。五代以后，洞窟窟顶四角，往往绘四身天王像，形体颇巨，大概有镇窟之意	早期天王手中并未持何法器，后逐渐持物，五代之后，出现一个手持琵琶者(西方广目天王)。第146窟的天王手持琵琶，也有未持琵琶的(如第98窟)，看来持琵琶与否并无明确规定
		金刚力士乐伎	莫高窟所绘金刚力士者甚多，特别是密宗洞窟。在元代第3窟内，千手观音旁立有金刚乐伎。在第148窟，有一手持乐器之六臂金刚	一般手持金刚杵及金刚铃(法器) 元代第3窟内的金刚乐伎手持金刚铃 第148窟六臂金刚乐伎持三种乐器——金刚铃、横笛、琵琶，做同时演奏状
		药叉乐伎	绘于墙壁之最下层，与天宫乐伎上下对称相呼应(按理应称之为"地宫乐伎")，构图为一横排，并列绘出，其中还夹杂着兽头人身的夜叉	形态丑恶，绘制粗犷、夸张，与上面的天宫乐伎正好形成对比。以舞蹈动态为主，形态可笑，身体短粗、肥胖，光头，上身赤裸，只穿一短裤，光腿赤足，一般不能直立，做蹲状，形若侏儒，但舞蹈动作生动，显示一种彪悍、有力度、狂热的运动，颇有生命力，特别是手位变化异常丰富。其中有一部分手持乐器，边跳边奏，所用乐器品种不多，多为各种鼓类，间或有琵琶、横笛、排箫等。所用颜色比较单调，多为土红及灰褐色或二者相间
		伽陵鸟乐伎	1.多数在经变画中佛的下方、乐队的两侧或前方、水池前之曲桥或平台之上。一般对称排列，与礼佛乐队相似：中间一舞，两边各一二身，手持乐器伴奏。有大型经变，还有两层伽陵鸟乐伎的；2.出现在经变说法图中佛的左右，在壁画的两侧边沿处，一般也是对称的；3.出现于藻井之内或佛龛之内；4.有极少数的飞天乐伎带有双翼，如第180窟与伽陵鸟同时出现	鸟身人首(也有画为双首鸟身的，佛经称"共命鸟")，身体类似仙鹤，翅膀张开，两腿细长，头为童子或戴冠之菩萨首状，持乐器或做舞
	经变画乐伎	胁侍菩萨乐伎	经变画的主体即说法图，佛坐中央，侍从弟子胁侍菩萨左右簇拥	众弟子、胁侍菩萨簇拥着佛，表示专心听法。这些菩萨一般不持乐器。而密教的某些乐像则不然。如不空绢索观音经变、如意轮观音经变等，在观音周围往往绘一圈菩萨，有持琵琶的、持阮的、持弯颈琴的。头有圆光，菩萨形象

分类	乐伎	分布情况	造型、形态等特点
伎乐人	文殊普贤经变乐伎	佛龛两侧墙壁,或大门左右两侧,左边画普贤骑象,右边画文殊骑狮。这类像的外侧画一些乐伎(也有不画者),人数不等,所持乐器也不尽相同	排列零散无序,直立演奏。所用乐器与礼佛乐队所用无甚两样
	礼佛乐队乐伎	经变画中,佛殿前沿两边排列的乐队。大型的乐队为每边18人以上,中型的每边6至8人,小型的多为一边2至4人。中间舞蹈者有1、2或4人不等。有的大型经变画,多达3层乐队,而一般则为一层	两侧乐队席地而坐,中间有舞伎表演,舞伎衣着华丽,婀娜多姿,有持乐器舞者,反弹琵琶或持腰鼓,有的空手而舞。舞伎组合安排主要是模拟宫廷乐舞 每铺经变画中都具有独特的内容和处理手法,有不同的乐器组合形式和处理方法,或以弦乐为主,或以打击乐为主,有的甚至是打击乐的合奏。部分经变画画得十分精细、传神,把演奏状态描绘得十分具体
	故事画乐伎		故事画分为本生、佛传、因缘、经变、佛教史迹、佛教圣迹、中国传统神话等故事类型。常有音乐舞蹈的活动场面,有些则因反复的刻画已成公式。这些佛教故事画中的乐舞图形,虽然说的是天界佛国的事,但反映的还是世俗生活,与供养人的伎乐不能截然分开,总的来说都是以现实生活为基础而绘制出来的 构图形式大不相同,有的近似今日的连环画,有的则是抓主要情节,凝缩在一个画面之内,作为象征性的特点
	供养人乐伎	莫高窟第360窟(隋代)东南隅,有小型的供养人乐队	为一女子仪仗乐队,前面3人为舞伎,后面有8人,全部为女性站立表演,造型优美。舞者长裙曳地,腰带高束,披有巾带,形体修长娟好,巾带飘垂。所用乐器,最前奏方响、箜篌,有两只琵琶并列,后排为排箫、横笛等
		莫高窟第275窟(北凉)有两个供养人乐伎	二人吹角
		莫高窟第297窟(北周)有供养乐伎5人	为树下乐舞,其服饰具有河西走廊少数民族的风貌,其中有三人乐队伴奏
		莫高窟第300窟(隋代)东南隅有一组乐舞伎,其中乐伎8人	站立表演
	出行图乐伎	敦煌地区有如下出行图: 1.莫高窟第156窟有《张议潮出行图》《宋国夫人出行图》; 2.莫高窟第100窟有《曹议金统军出行图》《回鹘公主出行图》; 3.榆林窟第12窟《有慕容□□出行图》《慕容公主出行图》	出行图为有权势的窟主为自己树碑立传而绘制,篇幅较大,其中以《张议潮夫妇出行图》最为精美 《张议潮统军出行图》:壁画呈长卷形式,全画可分为三个部分。前面为骑兵与仪仗队,旌旗招展,鼓角齐鸣,气势威严雄壮,军乐为鼓吹铙歌之属,有八人鼓吹开路、四个画角,四个大鼓。军乐之后有一组歌舞伎表演似吐蕃舞蹈。军乐后面这些乐舞伎应属"营伎",中间为张议潮本人画像,身穿大红袍,骑白马,在侍卫前呼后拥之下。后部为行进队伍,辎重和狩猎图 《宋国夫人出行图》:以歌舞百戏(一个大力士,头顶长竿,竿上有数童子,攀缘其上,做各种动作)为先导,后有肩舆和豪华马车。此图有两组乐队,一为百戏伴奏,一为舞蹈伴奏

分类	乐伎	分布情况	造型、形态等特点
伎乐人	嫁娶图乐伎	如莫高窟第445窟与榆林窟第38窟	《嫁娶图》为弥勒经变的一个细节，在敦煌壁画中有的复杂有的简单，唯莫高窟第445窟与榆林窟第38窟的最为精致且富有特色，这是一个反映民俗的题材，图中描绘举行婚礼时的来宾祝贺及表演乐舞的场面
	宴饮图乐伎	如：莫高窟第360窟(晚唐)《维摩诘经变》之眼影乐舞图	有一长桌，两侧坐两排人宴饮聚会，同时有舞伎伴奏观赏，桌前下方有一舞伎。可知宴饮中的歌舞伎使用情况

表 1 中的乐伎在不同内容的壁画中皆有其位置，当时人注重鲜活的艺术造像，尤其是乐伎所属音乐表演的形态，是他们具有不同形态特征及不同历史阶段审美的符号负载。如《张议潮出行图》中的军乐表演就鲜明地展现出器物主的身份特点，而其造像的逼真也使乐器的形态显现出来。再如《宋国夫人出行图》中的百戏表演，显现出夫人的身份高贵，也反映出百戏在敦煌所在的丝绸之路上繁兴的历史价值所在。

二、舞伎史料的分类辨析

舞伎是敦煌乐舞壁画中各种场合的舞蹈表演者，其史料所显示的造型，可分为装饰性舞蹈与写实性舞蹈两类。前者包括天宫舞伎、飞天舞伎、化生舞伎、药叉舞伎，后者又可分为（经变画中）说法图中的舞蹈（礼佛舞伎）及供养人中的舞蹈场面（供养人舞伎、出行图舞伎、故事画中的世俗舞蹈）两类。从不同种类的舞伎来看，它们的内涵构成又可从布局、造型、形态方面做如下分类（见表 2）。

表 2　敦煌壁画舞伎

分类	舞伎	布局	造型与姿态
装饰性舞蹈造型	天宫舞伎	窟顶与墙壁交界处,环窟四壁,有一带状画面,画许多方格,象征宫门和栏墙,每格为一券拱形城门洞,有一个奏乐器或舞蹈的天宫伎乐或舞伎	多为男性造型,高鼻深目,有浓厚的西域画风。有的光头,有的束髻,有的饰菩萨冠,有的半裸,有的着袈裟,或系裙披巾。头上画有光环,以示为天人 多为半身形体,主要表现在头、身躯、手臂和手势的变化上,有正面、侧面、背面、俯仰,甚至倒立等形式,身体的扭曲,手位的动作,表现出十分丰富的舞蹈造型,极具粗犷、稚拙、男性的阳刚之美。每位舞伎的姿态都各不相同,有奏乐,有舞蹈,有击掌,有做手势的
	飞天舞伎	"天宫伎乐"从隋代开始消失,其位置由飞天代替。此外,在藻井、龛楣、龛内,以及窟檐,甚至经变画中,也常出现飞天形象	由男性逐渐变化为女性,凭借四肢、衣裙和飘带凌空飞舞。早期比较粗犷、简单、身体笨拙,但朴实自然。隋代以后有突进,造型多为狼牙旗状飘带,飞动较灵活。唐代是飞天的高潮,舞姿婀娜柔媚,动势轻柔飘逸。已形成娴熟的仕女画风格。五代之后趋于程式化,僵化呆板
	化生舞伎	主要分布在龛楣、壶门、平棋与经变画的礼佛图之莲花池中。在其他角落也会出现,画工可任意布置	龛楣中重点表现的是一个两臂平伸、做领舞状的化生舞伎,然后对称地依次往下排列,有的奏乐器,有的持花,有的振臂做舞,舞姿变化多端。有正面、侧面,或者倒立表演的舞伎,有全身站立的,也有半身踞坐在莲花之内的造型,所绘伎乐姿态各异 壶门:有一种舞伎,为头上梳有双髻之少女,立于莲花之中,伸臂做舞,酷似现代表演之"荷花舞" 童子舞伎:光身儿童,嬉戏于莲花之中
	药叉舞伎	药叉舞伎常设置于壁画的底层,与上层的天宫伎乐相对应。药叉伎乐图也是环窟绘制,有时在中心柱下面也绘制一圈	根据汉画像砖角抵百戏图像与古代陶俑、说唱俑而绘制。为男性舞蹈,手舞足蹈,动作夸张,刚健有力,有的也持有乐器。乐器有横笛、琵琶、排箫等。夜叉面貌狰狞,形态丑恶,所塑造的形象都是光头、半裸、下着短裤、袒腹、赤足、五短身材、肥胖而笨拙。舞蹈姿势多为蹲腿分膝,不能直立,类若侏儒

分类	舞伎	布局	造型与姿态
写实性舞蹈造型	礼佛舞伎	大型经变画中的一个部分,常画于壁画中心线的下方,佛居中心,周围弟子、侍徒簇拥。全图的下部,有一平台,中间为舞伎表演,两侧为伴奏乐队	礼佛舞伎有一人、二人、四人不等,不同时期,所着衣饰、所持舞具、表演舞姿也不同。礼佛舞伎一般都不是空手而舞,有持琵琶(多为反弹之造型),有击腰鼓,有做弹指,有持长巾彩带,有持花朵的,还有不持物以手势做舞者。有的舞蹈姿态是运动中的旋转、跳跃,有的是与乐队传送眼神,有的含情娇媚,有的端庄典雅,有的刚健奔放,有的轻盈柔曼,神情、步履基本符合古代舞蹈的软舞、健舞之属。另有巾带的回旋、飞动之造型
	供养人舞伎	莫高窟隋代第300窟的东南隅绘有一组乐舞伎	舞伎三人,站立表演。舞者高髻细腰,长裙委地,披有巾带,体态修长娟秀,舞态轻盈
		莫高窟北周第297窟有一组供养伎乐	树下舞蹈,舞者为男性二人,另有三人乐队伴奏,舞蹈似为民间舞,颇有西北地区乡土气息,有不加修饰、即兴而舞的特点
	出行图舞伎	敦煌壁画中有四处:1.莫高窟第156窟张议潮及其夫人出行图;2.莫高窟第100窟曹议金及其夫人出行图;3.莫高窟第94窟张淮深出行图;4.榆林窟第12窟之慕容归英出行图	其中以《张议潮出行图》《宋国夫人出行图》最为精美。1.《张议潮出行图》:有四男四女相对而舞,男子穿汉装,女子着吐蕃服装,屈肘甩袖、身体倾斜,很像今日之藏族舞蹈 2.《宋国夫人出行图》:有四女舞伎,穿花舞衣,花裙委地,振臂举袖,绾有汉族发髻,摆成四方阵势,相对而舞,反映出唐代贵族家伎、营伎的舞姿形态
	故事画中的世俗舞蹈	有的出现于经变画的副题屏风画中,有的出现在佛传故事画中	比较零散,规模不大,往往为一两个人舞蹈,乐器伴奏人数不多,似为即兴之舞蹈表演,舞者服饰与生活中穿着无异。常见的舞蹈有以下几种:火宅乐舞图(中间楼阁有舞蹈者及乐者)、太子娱乐图(所绘舞蹈表示声色之欲)、嫁娶图(有舞蹈助兴场面)、十二愿舞蹈图(其中有一女子做舞蹈状,或手持琵琶,边弹边唱边舞)、九横死舞蹈图(常画一乐舞场面,以舞蹈女子表示声色)、宴饮舞蹈图(舞伎于食桌前翩翩起舞)。其他还有劳度叉斗圣变、法华经变、观无量寿经变等,其中也有舞蹈画面

敦煌音乐文献中的乐谱类史料主要是琵琶谱,已有林谦三、叶栋、饶宗颐、陈应时、何昌林、席臻贯、应勤、庄永平等国内外学者进行过研究。

郑先生的史料中也提到了"敦煌曲谱"[5]，他将其称为"唐人大曲谱""敦煌卷子谱""敦煌琵琶谱"。史料中还有"敦煌舞谱"及与音乐有关的卷子材料，如敦煌变文、宝卷和曲子词等史料。在敦煌遗书、社会文书中有关的音乐材料，还有寺院的佛事活动记录，有关乐僧、乐工、音声人的编制、供给、节庆记事等；其他散见于敦煌写卷中的音乐资料，如佛经、唱赞、文学、诗歌、古代童蒙读物等；藏经洞出土的绢画、器物上的音乐形象资料等（见《敦煌曲谱研究简述》第 201 页），也是研究敦煌音乐的重要史料之一。这类史料以其舞姿及其装饰造像而将乐舞图像的内容予以外显化展现，其类型现象的本质特征表现于不同的个体之上，而其共同的基本形式则是超个体的、同形的同一的存在，这样的类型学分析可见此类史料的相同、相异性属性，是有其内在属性因缘关系的。

三、基于史料类型的特点辨析

敦煌音乐史料主要包含以下种类：其一是敦煌乐舞的形象资料，从敦煌乐舞壁画的形成、分期、乐舞形象（乐伎、舞伎）及壁画乐器展开论述，它多以视觉造型的形式展示；其二是敦煌音乐的文献资料，它也是以造型而显现的，但要与典籍文献相对应，才能形成完整的史料形态。以下结合列表形式分别说明，并择重点展开分析。

（一）敦煌乐舞壁画发展的阶段论

中国乐舞图像的发展经历了四个阶段——原始乐舞文化时期、春秋战国乐舞文化时期、秦汉乐舞文化时期及魏晋南北朝乐舞文化时期，每个阶段的乐舞图像都有各自不同的特点，而敦煌乐舞壁画则是传统乐舞画的"接轨"（见牛龙菲《敦煌壁画乐史资料总录与研究》第 4 页）。各时期乐舞图像的分布位置、内容、特点见表 3。

表3 各时期乐舞图像的分布位置、内容、特点

时期	分布位置、内容	特点
原始时期	甘肃嘉峪关西北黑山石刻岩画上有一幅30人的舞蹈画面 广西宁明县花山岩画，分布在明江、左江断岸峭壁上。有远古骆越民族即壮族祖先的乐舞图像，其中有上千个蛙形舞人，中有击鼓者 云南沧源佤族自治区深山崖壁上有五人圈舞乐舞图 内蒙古阴山之北的崖画上有舞蹈图形 新疆呼图壁县西南天山深处雀儿沟康家石门子岩画上绘有数百名男女热烈欢快的舞蹈情状 青海大通县上孙家寨出土的彩陶盆上绘有手挽手的舞蹈队列，共三组，每组五人	这些岩画、彩陶的乐舞，创作时间在距今6000年至3000年，是我国最早的乐舞画。内容有祭神、狩猎、战争、集会等，都以舞蹈的形态来表现，其中有单人舞、双人舞、群体舞等。这些图像都极为简单、原始，只是一些图腾、符号性的图画，符合《书经》《吕氏春秋·古乐篇》等古文献对最早乐舞的记述
春秋战国时期	浙江绍兴市战国墓出土乐舞模型 湖北随州曾侯乙墓瑟上绘有精美漆画，为乐舞图案 河南辉县出土战国铜鉴中的乐舞图	这一时期中国乐舞画进入了一个具体、现实并具有构图情节的阶段，主要体现在青铜器铸造的铭文上或漆画上，反映出这个时期礼乐制度、宫廷乐舞的情况
秦汉时期	江苏连云港西汉墓出土漆食奁上的彩绘击筑歌舞图 四川成都扬子山二号墓汉代军乐鼓吹画像中的短箫、镜歌、骑吹车队图像 山东嘉祥隋家庄出土画像石上的歌舞图 河南南阳出土的大量画像石刻，音乐舞蹈题材甚多 山东沂南县出土的百戏盘舞、钟鼓乐队图 浙江海宁长安镇出土的石刻乐舞图 河南密县打虎亭壁画的乐舞图 辽宁辽阳棒台子东汉墓壁画中的乐舞图	这一时期乐舞绘画主要是墓葬中的画像石、画像砖，在摩崖石刻、壁画、岩画、青铜器、陶俑、彩陶、漆画、蜡染、丝绣等多种艺术品上，也都有乐舞题材。其中有宫廷的作品，也有民间的作品。在构图上，已不是原始图腾画，也不是青铜器的饕餮纹，而是写实并具有情节的乐舞场面了。其绘画题材十分丰富，有历史故事，有神话故事，有出行图、宴饮图、百戏图等

时期	分布位置、内容	特点
魏晋南北朝时期	南京西善桥晋墓中的《竹林七贤图》，画有阮咸弹阮、嵇康鼓琴的造像	魏晋南北朝是关键时期，中国绝大多数乐器出现在这个时期，绘画作品上反映得很明显。更重要的是此时佛教兴起，寺院林立，石窟壁画使乐舞画进入了一个新的表现时期。敦煌早期的壁画即是前代乐舞画的延伸
	山西太原王郭村北齐东安王娄睿墓壁画中的大型出行图、卤簿军乐及乐舞图	
	辽宁、吉林高句丽墓葬壁画中的乐舞图	
	甘肃酒泉丁家闸晋墓壁画中的宴饮乐舞图	
	甘肃敦煌市飞机场墓葬出土乐舞画像砖	
	甘肃嘉峪关魏晋墓中出土的乐舞画像砖	

从原始乐舞图像出现的位置看，它们多是以石器作为工具刻画在峭崖石壁上的崖画（或岩画），其内容反映的是原始先民的氏族生活——农耕、狩猎、部落战争、图腾崇拜、祭祀典礼等，这些造像多能与古文献记载相互印证。如青海大通县上孙家寨出土的彩陶盆上绘着三组手挽手的舞蹈队列，舞者头上有下垂的发辫与装饰物，身边拖着一个小尾巴，其反映的是先民的狩猎生活，对应《尚书·益稷篇》中"击石拊石，百兽率舞"之载，这也是迄今所知最古老的原始舞蹈图像。

春秋战国时期，我国的青铜制造工艺取得了较大的发展，因此，这时期的乐舞图像在青铜器铸造的铭文或漆画上较为多见，如曾侯乙墓鸳鸯漆盒上的漆画，其反映的是宫廷贵族的乐舞享乐生活，从中也可窥得礼乐制度的运用情况。[6]

汉代，从乐舞图像绘画的地方来看，相比前两个时期更为多样，除画像石、画像砖、壁画、岩画、青铜器之外，陶俑、彩陶、漆画、蜡染、丝绣等艺术品上也有乐舞图像（见牛龙菲《敦煌壁画乐史资料总录与研究》第4页），这与汉代农业、手工业乃至整个社会经济的繁荣发展有关。此外，伴随着汉代雅乐衰落、俗乐兴起，乐舞题材也更为丰富，包括神话故事、百戏图、出行图、宴饮图等（见牛龙菲《敦煌壁画乐史资料总录与研究》第4页），具有代表性的是河南南阳出土的大量音乐舞蹈类画像石，为我们认识汉代音乐舞蹈艺术在中原地区的发展情况提供了重要的艺术载体。[7]

魏晋南北朝时期，"石窟壁画使乐舞画进入了一个新的表现时期"（见牛龙菲《敦煌壁画乐史资料总录与研究》第 4 页），敦煌早期的壁画（北凉、北魏等）即见于这一时期。通过对各时期乐舞图进行分类后可以发现，从最早的彩陶、岩画到石窟壁画，中国乐舞画的发展具有传统性和延续性的特征，直到敦煌乐舞壁画的出现乃步入高峰。

（二）敦煌乐舞壁画的分期辨析

敦煌乐舞壁画可按其发展规律划分为早期、中期、盛期、晚期等四个时期，各时期壁画的朝代、内容、布局、乐器情况、风格特征、绘画技法特点见表 4。

表 4　各时期壁画的不同特点

分期	朝代	内容与布局形式	风格特征	绘画技法特点
早期	1.北凉 2.北魏 3.西魏	1.概况：莫高窟北凉时期有音乐图像的洞窟 2 个，北魏 10 个，西魏 4 个。早期典型洞窟为第 275、257、435、285、249 窟 2.内容：有菩萨伎乐、天宫伎乐、飞天伎乐、化生伎乐、供养人伎乐、药叉伎乐、故事画伎乐。乐舞图像多为单身表演，表演者局限在天宫栏墙之券门中，或在龛楣之内 3.布局：横向分层形式。天宫伎乐与飞天伎乐并存，在壁面上端；菩萨伎乐在中间；药叉、供养人伎乐在壁面下端 4.乐器：种类简单，除已有的管弦乐器、打击乐器外，多见吹奏单音之原始乐器，如海螺角、排箫等	1.早期洞窟为坐禅、观像兼用，壁画构图单一，外来影响较重 2.有某些本土绘画特点，如身短、体壮、半裸、袒胸露腹、赤足、大眼、深目、厚唇、直鼻、耳垂、瘦削、脸长。乐伎多为男性，衣冠服饰多为波斯式或龟兹式，多见僧侣袈裟。菩萨伎乐身穿长裙，脚踏莲花，有光头；供养人伎乐身穿汉装，长褶。早期壁画人物动态活泼，拙朴自然	1.绘制人物，以明暗法（凹凸法）和圆环晕染兼用，以色块表现明暗变化。也存在魏晋画像砖的线刻风格，后变化为"小字脸"效果 2.用色以黑、白、土红、赭石、灰蓝为主，基调沉郁晦暗，稚拙古朴 3.进入北魏后期、西魏期间，技法进步，人物造型比例适度，逐渐摆脱西域画风。如第 285 窟的飞天造型汉化特征明显
中期	1.北周 2.隋	1.概况：莫高窟北周时期有音乐图像的洞窟 12 个，隋 52 个，典型洞窟为第 297、390、423 窟 2.内容：菩萨伎乐、天宫伎乐、飞天伎乐、药叉伎乐、供养人伎乐、化生伎乐、故事画伎乐等	1.北周、隋代壁画风格特征明显，它是早期和后来盛期的过渡时期。这一时期的人物造型，由西域型而汉化，其特点为面相丰满，身壮体短，裸体已逐渐消失，服装：男着袍服，女性为窄袖长裙，裙腰至胸口。飞天转为女性，曳裙边沿多为牙旗形	1.线条意识及表现力增强，人物造型把握准确，构图简练概括，世俗性的故事画和供养人乐舞的造型都十分精美

分期	朝代	内容与布局形式	风格特征	绘画技法特点
中期	1.北周 2.隋	3.布局：横向分层布置。出现说法图，为楼阁分层听法形式；有了小型乐队和故事画中的世俗伎乐。隋代的飞天伎乐数量骤增（北周略同西魏，隋代中心柱改装，飞天伎乐逐渐取代天宫伎乐，药叉伎乐也逐渐消失），除壁上端绘制外，佛龛内外也大量绘制 4.乐器：数量及品种增加，出现葫芦琴、号筒等	2.图案装饰多表现乐舞，音乐气氛浓重，如龛楣绘有化生乐伎	2.一改早期的阴郁情调，用色以土红、赭石、灰蓝为主，多用暖色，整个壁画色彩基调热烈，生气勃勃
盛期	1.唐 2.五代	1.概况：唐代有音乐图像的洞窟136个，初唐24个，盛唐25个，中唐30个，晚唐37个。五代13个。典型洞窟为第220、321、217、148、112、9、156、61、98窟 2.内容：经变题材扩大，以大型经变为重点，一般经变说法图均有乐舞，以舞蹈为中心，两侧对称排列乐队，基本以宫廷燕乐为模式。也出现屏风故事画，其中有社会生活、世俗性乐舞；文殊普贤经变，有立式行进中的乐队；飞天伎乐数量也骤增，说法图上方必画不鼓自鸣乐器 3.布局：从初唐的场景小、人物少的平铺式说法图，发展到巨型的有三度空间的经变说法图。画面人物繁多，场景层叠，有的安排了三层乐舞，每组乐舞数十人 4.乐器：社会生活中的乐器在画中应有尽有，也出现了敦煌特有乐器花边阮、凤首弯琴、义嘴笛等	1.人物造型上，脸型丰满，体健；妇女贴花、蛾眉、靥妆、高髻。女性窄袖衫襦或长裙，是珠光宝气、雍容华贵的贵族仕女装束；男性则幞头褶袍或胡装，官俗分明 2.乐舞画进入了高潮阶段，充分地反映了大唐帝国的社会乐舞风貌，特别是河西走廊的乡土风情以及多民族交织的乐舞文化、宫廷和民间交汇的音乐舞蹈状况。因此，唐、五代壁画中的乐舞图像是神性世界表现的削弱与世俗内容的增强。其绘制是以汉族宫廷乐舞为模式，以民间乐舞为直接依据	1.敦煌壁画艺术进入成熟定型、程式化的阶段，奠定了中国壁画的表现形式及技法，确立了线描人物画工笔重彩的基本形式 2.巧妙处理透视关系，主次分明，人物疏密，避让得当，景物的远近纵深适度，画面极具节奏感 3.唐代的壁画仍然保持强烈的装饰性特征 4.人物造型能力高超，尤其是线描造型能力增强。另外色彩多用赭、红、青、绿、黑，特别是金色的大量使用，使画面浓艳辉煌 5.绘制的乐器比较精细、准确、写实，可以看到各种乐器的使用配置、表演方式、演奏状态以及乐队建制等
晚期	1.宋 2.西夏 3.元	1.概况：莫高窟宋代有音乐图像的洞窟6个，西夏3个，元代2个。典型洞窟为第7、55、454、327、465窟和榆林窟第3、10窟 2.内容：沿袭前朝。有些洞窟壁画是以曼陀罗形式表现的，一般不表现伎乐，但在曼陀罗中或其他场合也有持乐器的菩萨，莫高窟第465窟和榆林窟第3窟最为典型 3.乐器：榆林窟西夏第3、10窟出现胡琴图像，这是我国见之最早的拉弦乐器图形，同时出现说唱音乐俑的扁鼓等	1.人物造型方面，宋代沿袭前朝，仍为汉族仕女形象；西夏、元代有党项、吐蕃民族服饰的特征 2.这个时期的壁画内容、题材、绘制形式均沿袭前朝，进入程式化时期 3.不绘乐舞，很少绘制乐器	1.宋以后，壁画多用绿色，有的洞窟满壁千佛全用绿色绘制。西夏时期洞窟的窟顶大面积绘制团花图案，也多用绿色 2.汉族洞窟多沿袭前朝构图、画技，但明显质量降低，粗制滥造者较多；其他少数民族绘制的洞窟，质量较高 3.这时期的乐器描绘更为写实

从表 4 可以看出，敦煌乐舞壁画的发展具有以下特点：其一，从壁画内容来看，呈现出神性世界表现的削弱与世俗内容的增强，飞天伎乐数量逐渐增多。其二，从绘画用色来看，从沉郁晦暗到浓艳辉煌，早期以黑、白、土红、赭石、灰蓝为主，盛期则大量使用金色。其三，从壁画中的乐器来看，其种类与数量呈现出由少到多的趋势，各时期都有新乐器出现，如中期的葫芦琴与号筒，盛期的花边阮、凤首弯琴、义嘴笛及晚期的胡琴、扁鼓等。此外，乐器的绘制也越来越精确、写实。其四，从人物造型来看，特点是逐渐汉化，尤其是中期壁画中该特征明显。其五，从乐舞壁画的构图处理来看，体现出由简至繁的特征，以经变说法图为例，从平铺式说法图发展到巨型、三度空间的经变说法图，画面中的人物也相应增多。

结语

敦煌乐舞史料经过几代学者的发掘，从日本的林谦三、岸边成雄到中国的郑汝中、牛龙菲、高德祥等，其成果体现在《敦煌壁画乐舞研究》《敦煌壁画乐史资料总录与研究》《敦煌乐舞》等著述中，本文对他们所挖掘到的史料进行了类型学研究，对其史料分布、特征及其所隐含的内涵予以多重视角的辨析，以同类作比对的方式而集中认知其史料特点及内涵特征。这不仅可以洞悉敦煌壁画乐舞所展现的不同类型史料在其分布位置及应用场合的外在形式特点，对乐器与乐人，舞蹈和舞伎等所用造型特点的艺术功用有了新的认识，它们通过形象化的彩色插图、线描图而显现；还意在从其音乐史料的分组分类中管窥出敦煌壁画乐舞在个性中所显现的历史发展特点，这些内在形态的文化内涵阐释，可以进一步认识像郑汝中、庄壮、牛龙菲、高德祥等专家所搜集史料的个性特征，以分类而逐一解析史料的个别属性及其相互之间的类型属性的特征，为今天对古代乐器、乐人、舞蹈、舞伎等不同类型的史料认识提供更为鲜明的线索，这样或可以补缺补漏，丰富史料。在这样的类型学辨析基础上，对认清古代音乐中的乐器，如手鼓、钹、异型笛、筚篥等乐器的出现时间，进而对扁鼓、铜角、瑟等是否可能存在等问题，都会有共性认知下的进一步认识的潜在史料线索。类型学辨析对于认识敦煌乐舞的历史发展亦有实证性参考价值，本文为此而做的关于历史发展及其相应特点的辨析，就是类型学研究的价值显现之一，从中可知不同形态的乐与舞，其造型既是乐舞自身表现之需，也有不同时代审美之需，从中可见敦煌乐舞不同种类及其所反映的时代艺术特点。

（王安潮，西安音乐学院西北民族音乐研究中心教授）

注释

[1] 参见郑汝中《敦煌壁画乐舞研究》，甘肃教育出版社2002年版。

[2] 参见［美］韦里《类型学导论——语言的共性和差异》，世界图书出版公司北京公司2009年版，第16页。

[3] 参见李心峰主编《艺术类型学》，生活·读书·新知三联书店2013年版，第8—10页。

[4] 包括空悬乐器、壶门乐器、华严海乐器、千手观音乐器。

[5] 郑汝中对于敦煌曲谱并未作深入研究，仅于《敦煌曲谱研究简述》中简单介绍了曲谱内容、特点及其研究情况。（详见《敦煌曲谱研究简述》，第155—158页）

[6] 参见刘要《鸳鸯漆盒漆画研究——东周时期楚地绘画的地域性特征》，硕士学位论文，华中师范大学，2014年，第34页。

[7] 参见马雪莱《河南汉画像石中乐舞艺术的图像学研究》，硕士学位论文，四川音乐学院，2018年，第47页。

论隋唐时期两种音乐审美观的冲突与融合

叶明春

一、隋文帝、唐太宗、白居易等人音乐审美观的矛盾与冲突

（一）隋文帝与唐太宗等人音乐审美观的异同

隋文帝杨坚（541—604）灭梁、陈，统一全国建立隋朝。隋文帝"不悦诗书"，废除学校以及魏晋以来的清商署，但其在位期间却极力推崇礼乐。

开皇二年（582），颜之推上言"礼崩乐坏，其来自久，今太常雅乐，并用胡声，请冯梁国旧事，考寻古典"。隋文帝杨坚不允，说："梁乐，亡国之音，奈何遣我用耶？"（《隋书·音乐志》）开皇九年（589）隋文帝下诏说："圣人遗训，扫地俱尽，制礼作乐，今也其时。朕情存古乐，深思雅道。郑卫淫声，鱼龙杂戏，乐府之内，尽以除之。今欲更调律吕，改张琴瑟，且妙术精微，非因教习，工人代掌，止传糟粕，不足达神明之德，论天地之和。"（《隋书·帝纪·高祖下》）同年，杨坚采用牛弘所说后周用乐"皆是新造，杂有边裔之声。戎音乱华，皆不可用"。又说雅乐"仅在宫调……不可分配余调，更成杂乱"（《隋书·音乐志》）。开皇十四年（594）又下诏说："自晋氏播迁，兵戈不息，雅乐流散，年代已多，四方未一，无由辨正……人间音乐，流僻日久，弃其旧体，竞造繁声，浮宕不归，遂以成俗。宜加禁约，务

存其本。"（《隋书·帝纪·高祖下》）由此可见，隋文帝杨坚的审美理想就是力求恢复到儒家礼乐思想中的"平和"审美，保存"平和"审美观中的政治属性和礼乐社会伦理属性。其对音乐的审美还停留在统治的需要，并以"平和"为审美准则禁止民间音乐中的所谓"边裔之声""戎音""繁声"。也就是说，隋文帝杨坚主观上以礼乐"平和"审美为标准，反对音乐的"不平"审美，直接阻碍了当时中外音乐的交流。

此外，杨坚的音乐美学思想中也存在"崇古非今"的意识，他不一定追求雅乐是否真正符合其礼乐雅正的标准，只要音乐是古的便可纳入"正声"。如《隋书·音乐志》说："清乐，其始即《清商三调》是也，并汉来旧曲……及平陈后获之，高祖（按：杨坚）听之，善其节奏，曰：'此华夏正声也。'""清乐"为汉代俗乐，经荀勖改造虽然入了雅乐，但其本身还是属于俗乐的范畴。隋文帝说"清乐"："虽赏逐时迁，而古致犹在，可以此为本，微更损益，去其哀怨，考而补之，以新定律吕，更造乐器。"因此，隋代官方雅乐审美在观念上属于"平和"审美的范畴，在音乐审美观上走过于强调"平和"审美观政治属性和礼乐伦理属性的老路。

唐太宗李世民（599—649）与其大臣魏徵提出"乐在人和，不由音调"的著名音乐美学命题。太宗说："欢者闻之则悦，哀者听之则悲，悲悦在于人心，非由乐也。将亡之政，其人心苦，然苦心相感，故闻而则悲耳。"[1]唐太宗极力摆脱传统雅乐审美观中强调音乐与政治的传统关系，与隋文帝杨坚的音乐和政治观点刚好相反，认为，不是音乐决定政治，而是政治决定音乐；认为，决定听乐者感情的不是客观之乐，而是听乐者主体的心境。因此，唐太宗否定音乐能感人的思想与嵇康有相通之处，他说："夫音声能感人，自然之道也。故欢者闻之则悦，忧者听之则悲，悲欢之情在于人心，非由乐也。"（《旧唐书》）与嵇康"音声有自然之和，而无系于人情"和"哀乐自当以情感而后发，则无系于声音"的提法相同。所不同的是嵇康主张"声无哀乐"，而唐太宗则认为声有哀乐。

据《全唐文·颁示礼乐诏》说，唐太宗"情深而好古"，主张"乐由中出，礼自外成"，认为"日往月来，朴散淳离，淫慝以兴，流湎忘本，鲁昭所习，惟在折旋。魏文所重，止于郑卫；秦氏纵暴，载籍咸亡；汉朝循缉，典章不备；时更战国，多所未遑。雅道沦丧，历兹永久"。他认为唐之前，之所以改朝换代是因为逐末而忘本。这个本就是以揖让而天下治的礼乐，所以要求总结历史教训制作真正的礼乐。他接着说："知礼乐之情者能作，识礼乐之文者能述；作者之谓圣，述者之谓明。"[2]"圣"是指知礼乐之情而能积极付诸实践的行动家，"明"则是识礼乐之文而能述其文的理论家。唐太宗认为这两者缺一不可。他也深知他所面临的时代"大道之既隐，惧斯文之将坠"，所以要"广命贤才，旁求遗逸，探六经之奥旨，采三代之英华"。于是要求创作出"莫不本乎人心，稽之物理，正情性而节事宜，穷高深而归简易"[3]的礼乐。唐太宗在贞观之初，虽然认为"乐在人和，不由音调"，但却十分注重礼乐的教化作用，对礼乐的制定提出许多不同于前人的见解，但其基本精神却是儒家的。他在其撰写的《帝范·崇文第十二》中说："功成设乐，治定制礼，礼乐之兴，以儒为本。"[4]在其诗作《帝京篇并序》中说："秦汉之弊，用咸英之曲，变烂漫之音，求之人情，不为难矣。故观文教于六经，阅武功于七德。台榭取其避燥湿，金石尚其谐神人，皆节之于中和，不系之于淫放。"主张"去兹郑卫声，雅音方可悦"[5]。

由此可见，李世民与魏徵的音乐美学思想从主体上继承了《乐记》，"以儒为本"，主张礼乐"皆节之于中和"，以"平和"为审美标准贬斥秦汉以来的"不平"审美，崇尚以周孔为代表的儒家礼乐思想。但其与《乐记》音乐审美观的不同在于其否定"淫乐亡国论"，反对夸大音律对音乐、音乐对政治的作用。认为"乐在人和，不由音调""悲欢之情在于人心，非由乐也"。否定音乐能感人的思想，与嵇康虽有相通之处，但其偏重于儒家的"圣""明"观，看重音乐的教化功能。而在摆脱或遵循传统"平和"审美观中，和儒家政治与伦理属性的基本思路又是各不相同的。相比以《乐记》为代表的"平和"审美精神而言，李世民的音乐美学思想更能彰显"乐在人和，不由音调"的思想，说明李世民积极借鉴前朝历史教训，以及其作为圣明君王的政治理想及抱负。与黄翔鹏研究得出的结论一样，"这句话真实地反映了唐代的音乐美学思想。正是由于有这样的思想，唐代音乐在艺术上得以无拘无束地发展，达到了艺术的高峰"[6]。

唐太宗这种相对开明的音乐美学思想有两个明显的特征：一方面积极制

作如《秦王破阵乐》《功成庆善乐》等唐代著名礼乐；另一方面允许吸收唐代少数民族音乐，至贞观十六年（642）收复高昌为止，唐乐增加至"十部伎"，同时按照上下尊卑关系将礼乐和俗乐、胡乐分为"立部伎"和"坐部伎"等。所有这些都说明李世民与魏徵等人所具有的礼乐"平和"审美观，能以"人和""乐和"的思想革去"平和"审美观所不能容忍的"不平"审美因素，从而为唐代音乐艺术繁荣的局面做出了具有意识形态性质的支持。其关于礼乐"平和"审美观与隋文帝的区别在于隋文帝固守"乐和""人和"，对"平和"审美偏执于所谓"礼乐"的政治属性，前者带来唐乐的繁荣，后者则无论在政治上还是在艺术上都带来了自身的毁灭。

这个问题也如蔡仲德所说："隋代处心积虑更改音律，维护古乐，排斥新声，结果是音乐哀怨，国家速亡；唐代反其道而行之，结果是音乐空前繁荣，国家空前强盛。杨坚、李世民的音乐美学思想颇耐人寻味。"[7]

（二）白居易音乐美学思想中"崇雅与爱俗"的矛盾动因

白居易（772—846）的音乐美学思想继承了唐太宗、魏徵关于"乐在人和，不由音调"的音乐美学思想，继承了《史记·乐书》"正教者皆始于音，音正而行正"[8]的思想，提出"正始之音"的概念，并以此与"郑卫之音"相对。也就是说，白居易既继承了"平和"审美中有关于音乐（主要是雅乐）与政治及社会伦理属性的传统，又继承了崇雅斥郑的传统，肯定"正始之音"的"平和"审美理想而否定包括胡乐和俗乐在内的民间音乐。更为突出的是白居易尽管"崇雅斥郑"，但他在审美实践上不排斥郑声，不放弃对民间音乐所具有的"不平"之美进行艺术品鉴。虽然其音乐美学思想既崇尚或标榜雅颂之美，批判"郑声""夷声"，但却又对当时民间俗乐艺术的表现力表现出极大的热情。正如蔡仲德指出的那样，"白居易对民间音乐的态度有互相矛盾的两个方面，理论上予以排斥，实践中却十分喜爱"[9]。又如秦序所说的，白居易的音乐美学思想存在"崇雅与爱俗"的矛盾，他既有礼乐治国、崇雅贬俗和重古轻今的思想言论，又有流连歌舞，沉溺声色的另一面。[10]

本文认为，白居易在音乐审美实践上存在矛盾，他能把"崇雅"和"爱俗"相关联，其审美共通性在于他对音乐表"情"特殊性的认识，同时他又严格地遵循传统对待"雅""俗"关系的政治和伦理的规范。他所沿袭的路线可从以下三个方面窥探。

第一，在白居易看来，无论"雅"还是"俗"都是表"情"的，在这一点上他直接继承的是儒家礼乐思想。白居易的逻辑是："乐者本于声，声者发于情，情者系于政。盖政和则情和，情和则声和，而安乐之音由是作焉；政失则情失，情失则声失，而哀淫之音由是作焉。斯所谓声音之道与政通矣"，"若君政骄而荒，人心动而怨，则虽舍今器用古器，而哀淫之声不散矣；若君政善而美，人心平而和，则虽奏今曲废古曲，而安乐之音不流矣"。(《策林·复乐古器古曲》)在"和平"年代，虽然听的是"桑间濮上之音"，人的感情不会放纵，也不会哀伤。但是，在"乱亡"年代，虽然听的是《咸》《護》《韶》《武》之音，人的感情也不会平和，更不会快乐。[11]这个思想显然来自李世民、魏徵的"乐在人和，不由音调"。

白居易继承儒家审美理想，赞美人心"和平"和"中和"之德，他说："至哉中和之为德！……故君得其中则人得其所，人得其所则和乐生焉。是以君人之心和则天地之气和，天地之气和则万物之生和。于是乎……悦之以中和之乐……鼓之以安乐之音，则人易和悦……中和之化，夫何远哉！"(《策林·兴五福销六极》)白居易的结论是：要做到取消郑卫之音，恢复"正始之音"，其办法只有改善政治，和善人情，而不在于改换乐器，变易乐曲。[12]在《沿革礼乐》中，他说："夫礼乐者，非天降非地出也；盖先王酌于人情张为通理者也……苟可以和人心，厚风俗，是得作乐之本情矣……善变乐者，变其数不变其情……失其情，则王莽屑屑习古，适足为乱矣。故曰：行礼乐之情者王，行礼乐之饰者亡，盖谓是矣。"很明确，这个"情"就是"礼乐之情"。

白居易"崇雅"，以"平和"为美，看重的是政治清明、人情和善。只要政治清明、人情和善，人心也就平和了，只有如此，即使"奏今曲废古曲"，听"桑间濮上之音"，人的感情也不会放纵。这就为其既"崇雅"又"爱俗"的原因找到了逻辑（或合乎伦理的）依据。这个逻辑依据在其《沿革礼乐》等文中也都做了论证和发挥。相对儒家礼乐审美思想而言，白居易继承的是"平和"审美要求政治"平和"的传统，他所依托的礼乐"平和"政治理想是可以享受"不平"音乐之美的。这便是白居易"崇雅爱俗"的理论根据。不过，这个理论根据的中间环节（或动因）就是要看政治是否清明，人心是否平和，人情是否和善。

第二，白居易生活的时代，虽经安史之乱，但总体来说，唐王朝统治相对稳定，人民较为富足，中外音乐文化交流频繁，民间音乐生活十分丰富，这些景况在他的诗作中均表现得淋漓尽致。透过他的诗作可以感受到他对音乐审美的特殊感受力，同时还可以注意到他在音乐审美趣味、音乐审美价值上存在十分突出的矛盾。也就是说，白居易一方面颂扬符合"正始之音"标准的音乐，强调"平和"的音乐使人心境平和并获得审美感受。他以"平和"审美理想面对时俗对"郑声"等民间音乐的喜爱，为人心不古留下淡淡的哀愁。另一方面，他又赞美欣赏音乐时使人愁、酸、恨、伤感、断肠、伤心、悲切的"不平"之美。这些事实也都说明白居易在审美观上存在矛盾。他赞美符合"正始之音"之美的古琴音乐和古乐之美，但又因为"平和"审美不合时宜而产生淡淡的哀愁，从反面烘托"不平"之美受到当时大众的喜爱。现略举白居易诗句以助于说明如上认识：

《废琴》："丝桐合为琴，中有太古声。古声淡无味，不称今人情……不辞为君弹，纵弹人不听，何物使之然？羌笛与秦筝。"

《邓鲂、张彻落第》："古琴无俗韵，奏罢无人听……奔车看牡丹，走马听秦筝。众目悦芳艳，松独守其贞。众耳喜郑卫，琴亦不改声。"

《华原磬》："华原磬，华原磬，古人不听今人听，泗滨石，泗滨石，今人不击古人击……用之舍之由乐工。乐工虽在耳如壁，不分清浊即为聋。"

《江上笛》："江上何人夜吹笛，声声似忆故园春。此时闻者堪头白，况是多愁少睡人。"

《吹笙内人出家》："金刀已剃头然发，玉管休吹肠断声。"

……

此外，白居易在其诗作《五弦弹》中对唐代赵璧"五弦"琵琶演奏的艺术感染力作了精湛的描述后，又对历代"正始之音"的礼乐审美作了归纳，其中诗云："远方士，尔听五弦信为美，吾闻正始之音不如是。正始之音其若何？朱弦疏越清庙歌，一弹一唱再三叹，曲淡节稀声不多，融融曳曳召元气，听之不觉心平和。人情重今多贱古，古琴有弦人不抚。更从赵璧艺成来，二十五弦不如五。"

上述所举诗作，或先赞"正始之音"贬民间俗乐，或先赞俗乐之美，再对比"正始之音"的"平和"之美。这种矛盾在白居易的诗作里面几乎都是交叉进行的，也就是说，在白居易的审美视野里，常常交织着"平和"审美与"不平"审美难舍难分的剧烈冲突。在这种状态之下，白居易的诗作也有大量赞美欣赏音乐时使人愁、酸、恨、伤感、断肠、伤心、悲切的"不平"之美。如《五弦弹》对琵琶音乐的描述："五弦并奏君试听，凄凄切切复铮铮。铁击珊瑚一两曲，冰泻玉盘千万声。铁声杀，冰声寒。杀声入耳肤血惨，寒气中人肌骨酸。"接下来则是白居易和"远方士"等众人的听乐感受："曲终声尽欲半日，四座相对愁无言，座中有一远方士，唧唧咨咨声不已。"然后一转如上文所述。这些是"远方士"对琵琶音乐之美的感受，而有"吾闻正始之音不如是"之语，意为白居易是以"正始之音"的"平和"为美，听"平和"的音乐内心不知不觉中就能感受到"平和"。但当时的人们不喜欢这种音乐，所谓"人情重今多贱古"，白居易的诗作常常对这种现象表示出谈谈的愁意。如《五弦》："清歌且罢唱，红袂亦停舞。赵叟抱五弦，宛转当胸抚。大声粗若散，飒飒风和雨。小声细欲绝，切切鬼神语。又如鹊报喜，转作猿啼苦。十指无定音，颠倒宫徵羽。坐客闻此声，形神若无主。行客闻此声，驻足不能举。嗟嗟俗人耳，好今不好古，所以绿窗琴，日日生尘土。"又如《法曲》云："法曲法曲合夷歌，夷声邪乱华声和，以乱干和天宝末，明年胡尘犯宫阙。乃知法曲本华风，苟能审音与政通。一从胡曲相参错，不辨兴衰与哀乐。愿求牙旷正华音，不令夷夏相交侵。"如此等等。

总之，白居易的音乐美学思想明显受儒道佛三家音乐美学思想的影响，如蔡仲德研究认为："此种由清澈之心、空寂之境、恬淡之琴构成的意境，有儒、有道，也有佛，而又难以分清何者为儒，何者为道，何者为佛。这就是白居易的审美情趣，就是他与嵇康、陶潜不同的审美情趣。"[13]

第三，蔡仲德说："中国古代知识分子'达则兼善天下，穷则独善其身'，在这方面，白居易是一个典型。中国古代文人又大多得意时主张礼乐治国，失意时以琴养生，以琴自娱，在这方面，白居易就更是一个典型。"[14]秦序也支持这个结论，说："白居易是中国古代文人士大夫的一个典型代表。在推崇维护正统儒家思想的同时，也受道家、佛家思想的影响，而'达则兼济天下，穷则独善其身'的理论，给他提供了回旋于思想与实践的巨大矛盾之间的灵活性。"[15]

本文则认为，儒家"达则兼济天下，穷则独善其身"的理论固然为白居易"修、齐、治、平"（《大学》）的人生目标，以及其始终贯彻的"修身"实践提供了依据。但这并不能说明白居易在音乐审美上的矛盾之所在。本文认为，白居易的音乐美学思想之所以存在既"崇雅"又"爱俗"的矛盾，其基本动因则体现在音乐审美观方面的矛盾。也就是说，在白居易身上表现出，一方面要维护儒家礼乐思想中的"平和"审美观，追求"朱弦而疏越，一唱而三叹"的儒家雅乐审美精神，从音乐的"平和"审美原则中找到了沟通儒、道、释三家在审美观上的基本依据；另一方面，白居易生活的时代实际上已实现雅、胡、俗三分，民间音乐生活十分繁荣，从他的诗作中可以体会到民间音乐审美对其产生的深刻影响，尽管白居易的审美观始终偏重于"平和"审美，但他常常被"不平"审美的民间俗乐打动。也就是说，白居易音乐美学思想所渗透的音乐审美意识，始终没有摆脱民间音乐"不平"审美的"诱惑"。这两种审美观的矛盾常常集中在白居易的音乐美学思想中，这个现象恰恰说明白居易在"平和"审美理论与"不平"审美实践之间的矛盾之所在。

白居易在音乐审美观上的矛盾渗透出这样的信息，那就是，唐代音乐艺术的繁荣是音乐世俗化、大众化的结果，而指导这个结果的产生，不是"平和"审美观，更不是"平和"审美观的政治、伦理属性，而是"不平"审美实践对满足当时人们对于音乐美的主体性选择，以及各种音乐审美形式在当时人们音乐审美活动中所表现出来的丰富性和感染力使然。在他身上存在"崇雅与爱俗"的矛盾，体现了包括《淮南子》的作者，以及阮籍、嵇康等音乐家在审美理论与审美实践上所存在的两种审美倾向之间的矛盾是相通的。这在一定程度上说明了古代知识分子在审美理想追求与社会音乐生活之间存在不可逾越的鸿沟。这条鸿沟的出现恰恰是"不平"审美观与"平和"审美观在萌芽时期就存在的内在矛盾，即人的本质与音乐的审美本质之间的矛盾。说到底，即音乐的审美价值到底是"礼本主义"还是"人本主义"，换句话说，即音乐的审美本质到底是遵循"官本位"，还是遵循"民本位"。"官本位"要求政治平和，音乐也要"平和"，强调以"平和"为审美的唯一标准，而"民本位"则不一定要这个标准，体现不受"礼"的束缚而自由表达真情实感。以白居易为代表的古代知识分子正是游离在音乐审美价值的"民本位"与"官本位"矛盾之中而不能自拔，这是需要明确指出的。

此外，唐代高郢（740—811）《无声乐赋》以天地万物的自然之和为善，以自然无声的"至音"为美，以"自适于中情"为最大的快乐。高郢主张"保和遗饰"，认为理想的音乐是至善至和之乐，能使"贫且贱不以之去，富与贵不以之来"[16]，认为得意必须忘言，得和必须忘声，具有自然美善的音乐是需要欣赏者"无听之以耳"，而"听之以心"，欣赏者只有淡漠空虚、保存自然的本性才能听到"至音"，而内心躁动，丧失人的自然本性的欣赏者不能听到"至音"，又说，这种音乐"平而不偏，正而不回"。可见高郢的音乐思想受道家"平和"审美观的影响，同时《无声乐赋》将孔子"乐云乐云，钟鼓云乎哉"的思想与《老子》"大音希声"的命题相结合，与"颜生得之陋巷而自然，殷纣失之北鄙而人哀"对比。高郢的理想音乐及其"平和"审美反映出儒道两家音乐美学思想在唐以后的合流趋势。

二、隋唐佛教音乐中两种审美观的冲突与融合

源于印度的佛教是从东汉永平以后传入中国的。魏晋时期佛教开始繁盛，到隋唐时期，大量佛教经典被翻译成汉语，佛教臻于极度繁荣。围绕论题，本文论说的重点集中于隋唐佛教音乐及音乐美学思想中关于"平和"与"不平"两种审美观的基本态度。

据蔡仲德的研究，在汉译大量佛教经典中，论及音乐所具有的一定美学意义有如下几类：否定世俗音乐，否定音乐享受；颂扬"天乐"，主张"谐无声之乐，以自得为和"；肯定为佛教服务的音乐，要求用音乐"宣唱法理，开导众心"，用音乐供养诸佛，歌颂诸佛。这一切都是出于宣传佛教教义的需要。[17] 从这个时期汉译佛经中的佛教音乐美学观念来看，这个结论是基本符合实际的。在此基础上，本文对隋唐佛经教义及宣传佛经过程中出现的音乐

和音乐的审美观做了进一步考察，认为佛教在中原本土化过程中，其音乐审美涉及与传统"平和"审美观和"不平"审美观的关系等问题。

佛教音乐从东汉至隋唐，经历了较为漫长的演变过程，佛教的传入实际上遇到了一个相对宽松的政治环境。这个时期中国的主流审美观主要是以"平和"为美的雅乐审美观。其基本精神是强调音乐的伦理属性和政治属性，并以此为背景强调以"平和"为审美标准，认为音乐的功能是"平和"民性民心、通时政、别贵贱等，音乐的本质被定义在伦理或政治的范畴之内。另外，佛教提倡使人向善，或尽善尽美的音乐，以"平和"审美反对以"不平"为美的新声、淫声、郑卫之音和所谓"亡国之音"。这个时期佛教音乐及其审美与传统"平和"审美观的不同在于：佛教音乐美学思想所要辨析的是音乐的善恶之分、或有欲无欲之分，而不是雅俗之分。[18]

对于佛教教义来说，"音乐和语言的意义在于：它们是佛陀同众生相交流的主要途径，是引领后者成道证果的基本手段，是教理教规的物质载体……用佛教的语言来说，它们是一种'名色'，是耳识及眼识的对象，是渴爱、贪欲和痛苦的来源——此即所谓'音声虽不见，而生耳识觉知之相，亦起爱憎；声不可见，但以闻时而生苦乐'（《大威德陀罗尼经》卷四）"[19]。从佛教教义来看，由于众生对音声的审美会滋生出众生对爱欲及痛苦的留念，而佛土中有一种自然自为而称作"天乐"[20]的音乐，这种音乐能够引导众生摆脱欲念，远离欢悦或痛苦，皈依佛法。《悲华经》说："一切山林悉出种种无量音乐，众生闻已，即得离欲。"《大乘悲分陀利经》又说："一切山川石壁树木丛林出五乐音，一切众生心得离欲。"众生如听到这种自然无量的音乐便可远离世俗之欲，皈依佛、法、僧"三宝"，修成正果，就能远离业报和轮回而被接引到西方极乐世界去。因此"令其一切佛土虚空中作亿那由他百千音乐，其音乐中不出爱欲之声，惟有波罗蜜声、佛声、法声、僧声、菩萨法藏声"[21]。

按照佛教的理论，人有爱欲便有善恶之业，人有善恶之业便有因果报应（业报）和轮回，直接的结果便是进入称作"六趣"的业报和轮回，这"六趣"又称"六界"，是指地狱、饿鬼、畜生、阿修罗、人、天六界。天界是最高一界，居住的众生享有光明和自然的享乐。诸天三界数十重，有音乐的是欲界，欲界有"六天"，即四天王天、忉利天、夜摩天、兜率天、化乐天、他化自在天六天。《佛说长阿含经》说乐神般遮翼在忉利天弹琴供养佛法。《悲华经》和《大方广佛华严经》说，兜率天"常有百千亿那由他自然音乐，此音乐中不出欲想之声"[22]。由此可见，佛教音乐美学思想中虽然有否定世俗音乐、否定音乐享受的成分，但其教义及其理论并不排斥或完全否定音乐。这一点是应当指明的。

在有音乐的欲界，由于佛教理论在隋唐的传播，让人们了解到佛教这种天趣理论化解了传统"平和"审美与"不平"审美在萌芽时期开始的对立和矛盾。在上述佛教音乐审美观中，一方面其并不否认音乐能够引起爱欲，也不认为恶声和善声有绝对的界限，而是希望通过自然自为的理想音乐接引众生远离欲界，皈依佛、法、僧求得正果；另一方面，其肯定音乐的形式美，只不过这种形式美在有音乐的欲界则应该由乐神般遮翼那样鼓琴以事佛、法、僧。这种思想无疑改造了东汉永平以后人们对于"平和"审美观与"不平"审美观和以儒、道为主体的音乐审美理论。同时基于佛家理论，实现了用佛教教义及其美学对音乐美及其审美价值进行新的评估。也就是说，至少在隋唐时期，佛教音乐审美观念已不再纠缠包括儒家礼乐思想中"平和"审美的伦理属性和政治属性，而是从宗教的角度，主张以用理想的音乐供养佛法僧三宝为目的，从而使"平和"审美观具有纯宗教的特色。

佛教理论对音乐的哲学思考可以说别具特色。如隋代，三论宗代表人物吉藏主张"空有相依"。《三论玄义》中即云"有不自有，因空故有，空不自空，因有故空"，强调空、有相互依持的一套双遣双非的中观方法。《大乘玄论》卷一中说："他（师）但以有为世谛，空为真谛。今明，若有若空，皆是世谛，非有非空，始为真谛。三者，空有为二，非空有为不二，二与不二皆是世谛，非二非不二，名为真谛。"这种双遣双非法的系统运用旨在强调无论"立"，还是"破"都不能执着，而要以"无所得"为宗。这种理论蕴含了"真谛"的不可言说性，对后世审美直觉思维和艺境审美特征影响颇为深远。由于其对"世谛"和"真谛"的特殊看法为消解传统"平和"审美与"不平"审美在音乐审美价值矛盾方面起到了一定的积极作用。

又，据唐代道世撰《法苑珠林》说："《新婆沙论》云：'如来梵声相，谓佛于喉藏中有妙大种，能发悦意和雅梵音，如羯罗频迦鸟，乃发深远雷震之声，如帝释鼓。如是音声具八功德：一者深远，二者和雅，三者分明，四者悦耳，五者入心，六者发喜，七者易了，八者无厌。'"[23]像"天乐"或"如来梵声"这样具有"八功德"特征的理想音乐很显然具有十分突出的"平和"审美特征，同时也为传统"平和"审美观理论注入隋唐佛教音乐美学思想做了铺垫。如强调音乐具备"深远""和雅"等特征的"平和"审美思想，对后世包括《溪山琴况》在内的古琴美学的影响也是显而易见的。

佛教教义中有许多关于音乐表演美学的命题与儒道"平和"审美意识基本相通。如《增一阿含经》记载，天神波遮旬用琉璃琴赞尊者须菩提，须菩提说："善哉波旬！汝今音与琴合，琴与音合，而无有异。然琴音不离歌音，歌音不离琴音，二声共合，乃成妙声。"可见在佛教经籍中也有"琴与音合"，"歌音不离琴音"等关于表演美学的命题，这个命题与《乐记》"天人合一"的命题相通，同时也影响到明清古琴美学理论（如《溪山琴况》）。又如《中阿含经》载佛陀与沙门的一段对话，说："弹琴调弦，不急不缓，适得其中，为有和音可爱乐"，"极大精进令心调乱，不极精进令心懈怠，是故汝当分别此时观察此相莫得放逸。"[24]这里关于"弹琴调弦，不急不缓，适得其中，为有和音"的音乐美学命题与儒家"中和"、道家"淡和"的审美是相通的，同时也同汉以来"朱弦而疏越，一唱而三叹"的雅乐审美相通。上述佛教的两个命题说明在隋唐佛教经典中，器乐演奏被用来解释佛法，音乐被提升到与佛法相一致的高度，使音乐成为载道的工具。这种思想对于后世，包括音乐在内的中国传统艺术思想（如韩愈"文以载道"）的影响是不容低估的。

总之，佛教发展至隋唐时期，无论在理论上，还是在实践上都为中国本土"平和"审美观注入了新的活力，同时也为"平和"审美和"不平"审美这对共生的音乐审美现象提供了解决这一矛盾的思想方法。一方面，佛教理论以一种开放的艺术哲学为指导，如"双遣双非"法的系统运用旨在强调对"立"与"破"都不能执着，而要以"无所得"为宗。另一方面，佛教音乐传入中国之时，它也随当时北部"胡声"一起改变了中国本土音乐是否符合"平和"审美标准，以及雅、郑对立的状况，突破了中国音乐美学从萌芽时期以来"平和"审美观与"不平"审美观相对立的格局，从而具有划时代的意义。儒道佛虽然对音乐审美是否符合"平和""中和""淡和"和"中观"等审美标准有相近之处或共通之处，但就对"不平"审美的包容性而言，儒道两家远远不如佛家对后世传统音乐审美的影响那么深远。就佛教在音乐实践中用于宣传佛教教义的佛教音乐[25]而言，这一点尤为突出。

三、韩愈"不得其平则鸣"说与"不平"审美理论

韩愈（768—824）的音乐美学思想主要集中在其《送孟东野序》《荆潭唱和诗序》及其相关诗文中。在《送孟东野序》中韩愈提出"不得其平则鸣"。韩愈认为，万物如果得不到其原来的宁静就要有所抒发，这是自然界的规律。他说："有不得已者而后言，其歌也有思，其哭也有怀。"人的内心之所以要有所表达是因为有压抑不住的感情需要抒发出来，人们欢唱是因为要表达其感受到的真情，人们哀泣则是因为有需要倾诉的情怀。认为音乐就是郁结在人内心的感情而发出来的音响，所以它要选择善于抒发其感情的乐器，如金、石、丝、竹、匏、土、革、木八类乐器就是从万物中选择出来的善于表达音乐的器物。[26]韩愈的这个思想显然继承了《乐记》"情深而文明，气盛而化神，和顺积中，而英华发外"的思想。不同的是，韩愈更强调音乐、诗歌有压抑不住的感情，这种感情是需要一吐为快的。因此，在《荆潭唱和诗序》中他又说："和平之音淡薄，而愁思之声要妙；欢愉之辞难工，而穷苦之言易好也。是故文章之作，恒发于羁旅草野，至若王公贵人气满志得，非性能而好之，则不暇以为。"所以，好的文章和好的音乐都是"恒发于羁旅草野"之作。

正如蔡仲德评价的那样，这"是韩愈从千百年来文艺史与切身感受中得出的结论"，"就是以不平为美，就是对儒家'中正和平''温柔敦厚'，道家'平和恬淡'审美观的否定。司马迁曾认为优秀之作都是'意有所郁结'而'发愤之所作'，王褒《洞箫赋》、蔡邕《瞽师赋》又有'发愤乎音声''抚长笛以摅愤'的'发愤作乐'说，'不得其平则鸣'的论断是对司马迁、王褒、蔡邕思想的继承和发展，在中国音乐美学史以至中国美学史上都具有重要意义"[27]。本文则更进一步认为，韩愈"不得其平则鸣"说比司马迁、王褒、蔡邕等人的"发愤著书"说和"发愤作乐"说更具理论意义，这是对"不平"

审美观在理论上的深化。其意义更在于，用对自然现象的抽象概括来比喻音乐和文学作品应不受任何束缚、自由抒发人的真情实感。

韩愈与白居易在对音乐艺术的审美态度上既有同又有异，同在于两人都表现为赏识民间俗乐的艺术感染力，同时也都推崇儒家礼乐思想；不同在于韩愈比白居易更加理性地提出"不得其平则鸣"的美学理论。两人在审美观上存在十分明显的矛盾心理。

韩愈描写古琴的诗文不多，但从他描写古琴的诗文中可知其对于古琴艺术的了解程度。韩愈对音乐的品鉴常常被人们忽略。在他的诗作里面也表现出对音乐的"不平"之鸣的肯定，如，其描写音乐的诗作《听颖师弹琴》[28]引起后世将近一千年的论争便是一个突出的例子。[29]此外，除描写宏伟壮烈之情的《听颖师弹琴》诗之外，韩愈还写了《琴操十首》《秋怀诗十一首·之七》[30]等描写文人清高淡雅之情、宣扬音乐"平和""中和"之美的诗篇。

其《琴操十首》描写了唐代流行的十首"琴操"，如《将归操》《猗兰操》《别鹤操》等著名古曲。《秋怀诗十一首·之七》描写了韩愈听古曲的感受。[31]诗中写他听到的古曲是那种淡而近乎无味的"中正和平"之音，写出了韩愈秋夜听人弹琴时的深切感受。李祥霆认为韩愈在诗中表现了他所听到的"古曲""事实亦必定是古曲有淡者亦有浓者，新曲亦可写成淡而无味者，或奏成淡而无味者，是知韩愈于琴甚有见地"[32]。这样一来，就存在这样一个矛盾：为什么韩愈一方面写宏伟激越的《听颖师弹琴》，另一方面却又写清高淡远之诗，推崇"广厚高明""中正和平"的琴乐呢？韩愈曾奉命作《上巳日燕太学听弹琴诗序》[33]，此序不一定代表韩愈本人对琴乐的根本态度。仅就序文来说，韩愈似乎完全继承了儒家传统"平和"审美观，清代学者蒋文勋在《昌黎听琴诗论》一文中引此序说："请读是序，便知昌黎之黜颖师，而知余之论非偏袒于欧阳者。"[34]蒋文勋的目的是要证明韩愈写《听颖师弹琴》意在贬黜颖师，并不是韩愈根本"不知琴"——不知"中正和平"的琴乐。蒋文勋与欧阳修、苏轼贬斥《听颖师弹琴》诗为"琵琶"诗不同，认为该诗"推手遽止之"一句，是因为颖师在琴乐中表现了"促节繁声，恼埋心耳，实有令人不能耐者"[35]的因素，与"中正和平"的传统相违背。清代学者俞德邻也认为"合诗与序而观，其去取较然。抑又知琴者，本以陶写性情，而冰炭我肠，使泪滂而衣湿，殆非琴之正也"[36]。蒋、俞对颖师弹琴以及韩愈《听颖师弹琴》诗采取全盘否定的态度。这是后世对该诗的否定性评价。但是，反过来审视韩愈的古琴审美观，则自然得出这样的结论：韩愈在肯定不平审美观的同时，并不否定平和也是一种美。从这个意义上说，韩愈对待中唐存在以表现"不平之鸣"的激越的"艺术琴"和主张"中正和平""清虚淡远"的"文人琴"时，同样持一种宽容的态度。[37]而就其所受感动的程度来说，"颖师弹琴"给予韩愈的激动前者远远多于后者。韩愈与白居易一样，在音乐审美观上也陷入了"崇雅与爱俗"、审美理论与审美实践的矛盾中。

总之，先秦以来"不平"审美观作为一种审美观念一直伴随中国音乐美学史的发展，但作为一种理论则是从王褒、蔡邕受司马迁"发愤著书"说的启示，提出"发愤作乐"说，经过韩愈的"不得其平则鸣"说之后，得到进一步的理论深化。到明代李贽主张"诉心中之不平"，大胆写"真情"，写"发狂大叫，流涕恸哭，不能自止""使见者闻者切齿咬牙，欲杀欲割"，抒发内心大块"噫气"的"不平之鸣"，则彻底打破传统以"天"为本位而强调突出个体意识，形成真正以人为本位的"不平"审美观，蕴含了音乐的主体性原则。[38]

在中国音乐美学史上具有理论形态"不平"审美观与"平和"审美观正面冲突是从司马迁、王褒、蔡邕开始的，到李贽时代，"不平"审美观公开与"平和"审美观进行针锋相对的对抗经历了一个漫长的过程。在这个过程中，韩愈的"不得其平则鸣"说是其中的一个中间环节。总体而言，"不平"审美观在理论上的种种表现，必然要求对传统"平和"审美观和以"天"为本位观念的突破。强调"不平之鸣"和"诉心中之不平"，主张音乐不受礼乐思想制约而书写人之"真情"、充分摹写主体的内心世界和感情生活。事实说明，这种审美价值判断是较为接近艺术发展规律的。这是"不平"审美观在中国音乐美学发展史上的一大贡献。

韩愈《听颖师弹琴》诗之所以引起千古聚讼，在于韩诗所描述的是颖师弹琴包含的"不平"审美观。[39]这种审美观与传统古琴音乐的"平和"审美旨趣相左，是一种以强调"不平"为美、自由表现人的内心活动和感情生活的审美价值体系。这首诗带来的论争及其意义在于强调音乐表现人的内心世界、感情世界，虽未能直接确立人的主体地位，但已蕴含了主体意识的觉醒，同时也蕴含了音乐的自然发展方向——音乐的主体性原则，对以李贽为代表的主情思潮产生了巨大的影响。

除韩愈外，中唐古文运动的另一位发起人——文学家柳宗元，在其《柳河东集·非国语下》中有《无射》《律》《新声》[40]三篇体现了反传统"平和"审美的倾向。在《无射》中，柳宗元说："王将铸无射，单穆公曰：'不可。'非曰：'钟之大不和于律，乐之所无用，则王妄作矣。'"认为伶州鸠所谓"乐以殖财"，和"离人怒神"，以及所谓音乐能"移风易俗"的传统说法都不可信。认为音乐是情感的艺术，并不是圣人之所作。他说："乐之来，由人情出者也。其始非圣人作也。圣人以为人情之所不能免，因而象政令之美，使之存乎其中，是圣人饰乎乐也。所以明乎物无非道，而政之不可忘耳。孟子曰：'今之乐犹古之乐也，与人同乐则王矣。'吾独以孟子为知乐。"另，在《律》一文中，他反对伶州鸠所说的"律吕不易，无奸物也"，以及音乐平和与政治平和的关系，同时也反对伶州鸠把七律与天象七星相比附的传统，认为伶州鸠有"诬圣人"的做法。他认为，在周武王灭商时，曾经用乐律中的夷则律布置阵势，用黄钟律调动军队，用太簇律来发布命令，用无射律来制定法规，分发战利品。柳宗元说，他知道艺术表演并不是现实生活本身，批判伶州鸠将艺术创造与生活现实相混淆。他说："'州鸠之愚，信其传，而以为《武》用律也。'孔子语宾牟贾之言《大武》也。曰：'《武》始自北出；再成而灭商；三成而南；四成而南国是疆；五成而分周公左，召公右；六成复缀，以崇天子，夹振之而四伐，盛威于中国。'则是《大武》之象也。致右宪，左久，立于缀皆《大武》之形也。夷则、黄钟、太簇、无射、《大武》之律变也。"[41]他批驳伶州鸠把舞台表演与政治拉扯到一起的说法，明确了艺术创作规律与生活本源之间的区别，以此来论证"平和"审美观中的政治和社会伦理属性在艺术本源上的不可靠性。此外，在《新声》中，柳氏说："平公说新声，师旷曰：'公室其将卑乎？君之明兆于衰矣。'非曰：耳之于声也，犹口之于味也。苟说新味，亦将卑乎？乐之说，吾于《无射》既言之矣。"认为用口来品尝新味和用耳来欣赏新声一样，都是人的感官的一种反应，不可能因此引起公室的衰败。以此说明柳宗元"今之乐犹古之乐"及"与民同乐"

的审美意识，在这个问题上，柳宗元的音乐审美观也具有"不平"审美的某些特质。

总之，柳宗元强调音乐作为表达情的艺术，在其音乐审美思想中存在强烈的反"平和"审美的意识。[42] 其影响虽不如韩愈，但其反传统"平和"审美的思想也对后世，包括以李贽、冯梦龙等为代表的"不平"审美观及其"主情思潮"产生了深远的影响。

四、从隋唐音乐的平民化看两种审美观的冲突与融合

限于本文容量，要三言两语说清隋唐音乐的平民化特征并不是那么容易。因此，本文只选取与本文论题有关的一些音乐事件来窥视隋唐音乐的平民化与"不平"审美观，以及"平和"审美观与"不平"审美观之间相互吸纳的例子及其概貌。

隋唐时期在音乐歌舞创作和表演方面的成就可以说是空前的。而这些成就与传统"平和"审美的关系应该说是互融的关系。尽管"平和"审美观仍然保持着这个时期文人及统治阶级礼乐教化的政治需要，但"平和"审美观已经不能完全阻止这个时期民间音乐要求摆脱"平和"审美观桎梏的种种可能。这是"不平"审美观的普适性因素使然，只有"不平"审美观真正适应与少数民族音乐及与中外音乐频繁交流的需要。当时人们的音乐审美需求被纷至沓来的音乐审美形式包容。这个时期胡乐的传入和中外音乐交流的历史已充分说明了这一点。其结果自然形成雅、胡、俗的三足鼎立及其相互融合。[43]

据岸边成雄《唐代音乐史的研究》说，胡乐大规模的传入应该是北魏西征龟兹之后。首先是龟兹乐、疏勒乐、安国乐的相继传入，北周武帝时传入康国乐，到隋初已有扶南、高丽、百济、新罗、倭国、突厥、悦般等四夷音乐。[44] 据黄翔鹏的研究，龟兹乐原是汉代公主刘细君及弟史带到乌孙国的汉"琴五调系统"，龟兹乐的传入实际上是"回娘家"等。黄翔鹏说"胡乐未压倒一切"[45] 明确说明当时中外音乐交流有来有往，由此产生的音乐审美形式的多样性对传统儒家"平和"审美观带来的巨大冲击。本文认为，审美形式

的多样性是隋唐音乐艺术的繁荣最主要，同时也是最直接的动因。

此外，胡乐及其音乐理论的大量传入，与中原本土俗乐音乐理论及其审美观念的结合，已构成对传统雅乐"平和"审美观的空前挑战。隋文帝登基之后，主张复兴雅乐，将历代传入之胡乐和汉以来的中国俗乐（主要是清商乐）合并，设立七部伎，隋炀帝时设九部伎。[46] 至唐太宗贞观年间，将隋九部伎改制成十部伎。[47] 而十部伎中唯有《清乐》为中国传统俗乐"旧声"，据《新唐书·音乐志》载："周、隋管弦杂曲数百，皆西凉乐也。鼓舞曲，皆龟兹乐也。唯琴工犹传楚、汉旧声及《清调》，蔡邕五弄、楚调四弄，谓之九弄。隋亡，清乐散缺，存者才六十三曲。"到唐代"其声与其辞皆讹失，十不传其一二"[48]。雅乐性质的"燕乐"多为新制"雅乐"，如《秦王破阵乐》《景云河清歌》等大曲成为具有象征性质的"诸乐之首"[49]。因此，唐初十部伎的主体是胡乐和西域诸国之乐，可以肯定地说，十部乐伎成为唐代宫廷音乐的中心，或作为宫廷礼仪中必备的程序。[50] 但从其分划的内容来看，其中已包含雅、胡、俗三分。

十部伎中的"雅乐"常常是祭祀或宫廷宴享时的礼仪音乐，而这个时期的"雅乐"已经不再是周代以来的"雅乐"，由于历代雅乐逐渐失传，到唐代，"雅乐"已被离析出具有祭祀、庆典功能的仪式音乐，但其仍被要求具有庄重、典雅的风格，同时雅乐"平和"审美的精神作为一种审美观念还一直保持着。

雅乐的音阶，隋文帝否定郑译和万宝常采用胡乐音律的建议，而采用复古派何妥"黄钟一宫"的建议，一宫中有八个调式，至隋炀帝大业元年（605）104 首雅乐中"就全用了这八个调式"。[51] 但其中只有五个调式被经常采用，而被经常采用的"这些调式的首音，正合成一个以太簇为宫的五声音阶"，"清商调中的五声音阶也正与新音阶的五声音阶相一致，这可说明，应声与新音阶之同是由中国民间音乐发展的内部产生"[52]。从其核心观念来说，以五声音阶为主体的传统雅乐音阶到隋代仍然根植在雅乐审美观念之中，说明随着时代的变迁，雅乐又不得不从民间音乐中吸收变异或趋同的因素。

据段安节《乐府杂录》和《新唐书·礼乐志》记载，俗乐二十八调和燕乐二十八调的调名及其关系就受到雅乐复古思想的影响。据杨荫浏的研究，

"唐代的《雅乐》宫调是依'为调式'的系统规定的，现在看来，其《燕乐》宫调则又是属于'之调式'的系统的。何以会如此？推其原因，这是由于《雅乐》方面受着复古思想的支配，顽固地保持着《周礼》中间所说的古代应用宫调的办法，就不能不采用'为调式'的系统"[53]。这是隋唐时期偏重雅乐理论，同时在乐律理论中"平和"审美观重礼乐政治伦理属性的例子。中唐以后，唐玄宗在音乐及其制度方面的更改，则更加明显地体现出"平和"审美观与"不平"审美观之间的对立及融合的状况了。

唐玄宗时期，设二部伎，将教坊之胡乐新声、梨园法曲和其他唐大曲收入宫廷音乐进行更高水准的演绎。据《新唐书·音乐志》载，玄宗"分乐为二部：堂下立奏，谓之立部伎；堂上坐奏，谓之坐部伎。太常阅坐部，不可教者隶立部，又不可教者，乃习雅乐"。表演技术最差的"乃习雅乐"。又，白居易的《立部伎》说："堂上坐部笙歌清，堂下立部鼓笛鸣。笙歌一曲众侧耳，鼓笛万曲无人听。立部贱，坐部贵。坐部退为立部伎，击鼓吹笙和杂戏，立部又退何所任？始就乐悬操雅音。"足见当时传统雅乐审美已不再受到重视。

唐明皇不好琴乐，而以琴乐为"秽"，历代琴家对此颇有微词。据唐南卓《羯鼓录》说："上（明皇）性俊迈，酷不好琴。曾听弹琴，正弄未及毕，叱琴者出曰：'待诏出去！'谓内官曰：'速召花奴将羯鼓来，为我解秽！'"[54]羯鼓是外来乐器，唐明皇曾说："'羯鼓，八音之领袖，诸乐不可方也。'盖本戎羯之乐，其音太蔟一均，龟兹、高昌、疏勒、天竺部皆用之，其声焦杀，特异众乐。"（《新唐书·音乐志》卷二十二之十二）这说明唐玄宗以"不平"审美，也与传统的"平和"审美大异其趣，而以琴声为"秽"。宋代何薳的笔记《春渚纪闻·杂书琴事》也引此事并加评论，说："唐明皇雅好羯鼓，尝令待诏鼓琴，未终曲而遣之，急令呼宁王：'取羯鼓来，为我解秽！'噫！羯鼓，夷乐也；琴，治世之音也。以治世之音为秽，而欲以荒夷洼淫之奏除之，何明皇耽惑错乱如此之甚！正如弃张曲、江忠鲠先见之言，而狎宠禄山贼媚悦己之奉，天宝之祸，国祚再造者，实出幸矣。"[55]唐玄宗晚年，经历了安史之乱，以及各藩镇与中央集权的冲突和以黄巢为代表的农民起义，宫廷乐工大量流落民间。据杨荫浏的研究，宫廷乐工乐伎，除战乱的因素之外，也有因为年老或别的原因脱离宫廷散入民间的。有的乐工乐伎因一时找不到别的去处，往往也只能到寺院去修道，通过寺院将宫廷音乐间接传入民间。安史之乱后，如著名的宫廷歌手许合子、李龟年等都曾散入民间。[56]以上史实都说明，唐代，特别是盛唐时期，民间胡乐、俗乐与宫廷之间直接或间接地产生联系，也说明无论宫廷还是民间，人们的审美趣味已经不再遵循"平和"审美观一统天下的传统了，而以"不平"为美的审美判断成为时下音乐审美评价的主流。以至于上自唐明皇，下至普通百姓都以"不平"为美，"不平"审美成为当时社会音乐生活的重要组成部分。这种状况，在中国音乐美学史上并不多见。

通过对唐代古琴艺术的考察可知，隋唐古琴记谱法和演奏技术，以及古琴审美观念等都已产生史无前例的发展和变化。如这个时期著名琴家曹柔新创古琴减字谱就为古琴音乐的传播起到了巨大的推动作用。[57]也就是说，在唐代民间音乐繁盛的年代，传统"平和"审美观也不是铁板一块，除了薛易简《琴诀》保持传统"平和"审美观之外，以体现"不平"为美的古琴美学观也成为普遍的历史现象。当代琴家李祥霆很有创见性地将隋唐时期的古琴艺术分为"文人琴"和"艺术琴"。[58]他把将古琴音乐视为文人个人爱好和纯以修身为目的的称为"文人琴"；把古琴音乐讲求艺术之美，以娱己娱人为目的，并由职业琴人或兼善琴人从事的古琴艺术视为"艺术琴"。苗建华对以琴人身份划分"文人琴"和"艺术琴"有不同看法，认为："凡倡导'琴者，禁也'的思想，仅将古琴作为社会的教化手段、文人的修身工具，忽视古琴艺术性者为文人琴；凡视琴乐为表达人们思想感情的艺术手段，充分肯定其艺术价值，提倡古琴自由发展者为艺术琴。"[59]本文则进一步认为，唐代"艺术琴"与"文人琴"的区分正好说明，古琴音乐的传统"平和"审美观与这个时期的"不平"审美观所形成的强烈对比。传统"平和"审美观最大的特色是强调音乐艺术的政治和社会伦理教化功能，重视音乐的"德""礼"教化功能，忽视音乐的艺术及娱乐功能，而这个时期的音乐审美实践的特色更在于力求打破前者界限，而以"不平"审美作为普通平民或广为流行的音乐审美价值取向。就古琴审美而言，倾向于强调古琴的艺术性和娱乐的功能，从一个侧面反映了这两种审美观在唐代音乐平民化过程中所带来的审美形态方面的变化。需要重视的是，这种变化无论对当时社会音乐审美实践，还是对后世音乐审美观念的突变都具有不可忽视的影响。

结语

通过以上论述可知，隋唐两种音乐审美观的冲突与融合对这个时期音乐美学思想的形成和发展产生了重要的影响。隋文帝杨坚主张以儒家礼乐"平和"审美准则禁止民间音乐中的所谓"边夷之声""戎音""繁声"。唐太宗李世民和魏徵则积极借鉴隋朝历史教训，彰显圣明君王和臣子的政治理想及抱负，使唐代音乐在艺术上得以无拘无束地发展，达到了艺术的高峰。隋代处心积虑更改音律，维护古乐，排斥新声，结果是音乐哀怨，国家速亡；唐代反其道而行之，结果是音乐空前繁荣，国家空前强盛。

白居易在音乐审美观上的矛盾体现了唐代音乐艺术的繁荣是音乐世俗化、大众化的结果，其不仅仅是"崇雅""平和"审美，更体现其"爱俗""不平"审美实践对满足当时人们音乐审美活动中所表现出来的丰富性和感染力。这一定程度上说明了古代知识分子在审美理想追求与社会音乐生活之间存在"不平"审美观与"平和"审美观的矛盾冲突与融合的问题。在中国音乐美学史上具有理论形态"不平"审美观与"平和"审美观正面冲突是从司马迁、王褒、蔡邕开始的，到李贽时代，"不平"审美观公开与"平和"审美观进行针锋相对的对抗，经历了一个漫长的过程。在这个过程中，韩愈的"不得其平则鸣"说是其中的一个中间环节。其"不平"审美观在理论上的种种表现，必然要求对传统"平和"审美观以"天"为本位观念的突破。韩愈强调"不平之鸣"和"诉心中之不平"，主张音乐不受礼乐思想钳制而书写人之"真情"，充分摹写主体的内心世界和感情生活。肯定"平和"审美，否定"平和"审美标准；肯定"不平"审美，否定"平和"审美标准对"不平"审美的打压，强调两者从冲突到融合的这种审美价值判断是较为接近艺术发展规律的。

总之，隋唐时期两种审美观的冲突与融合在一定程度上反映了隋唐时期音乐文化的延续性和繁荣昌盛的美学追求及思想动力，对其进行深入的理论分析及研究，都有助于对敦煌乐舞壁画和近些年出土的墓葬乐舞壁画进行研究，提供来自美学思想、观念及价值研究的参考。

（叶明春，西安音乐学院人文学院教授）

注释

[1]《贞观政要·礼乐》载："太常少卿祖孝孙奏所定新乐。太宗曰：'礼乐之作，是圣人缘物设教，以为撙节，治政善恶岂此之由？'御史大夫杜淹对曰：'前代兴亡实由于乐，陈将亡也，为《玉树后庭花》；齐将亡也，而为《伴侣曲》。行路闻之，莫不悲泣，所谓亡国之音。以是观之，实由于乐。'太宗曰：'不然。夫音声岂能感人？欢者闻之则悦，哀者听之则悲，悲悦在于人心，非由乐也。将亡之政，其人心苦，然苦心相感，故闻而则悲耳。何乐声哀怨能使悦者悲乎？今《玉树》《伴侣》之曲其声具存，朕能为公奏之，知公必不悲耳。'尚书右丞魏徵进曰：'古人称"礼云礼云，玉帛云乎哉？乐云乐云，钟鼓云乎哉"，乐在人和，不由音调。'太宗然之。"

[2]转引自杨旻玮《唐代音乐文化之研究》，台湾文史哲出版社1993年版，第86—87页。

[3]转引自杨旻玮《唐代音乐文化之研究》，台湾文史哲出版社1993年版，第87页。

[4]唐太宗撰《帝范·崇文第十二》文字引据《四库全书·子部》卷四第2册。

[5]唐太宗撰《帝京》诗文并序均引《四库全书·集部·帝京》卷一第5册。诗文中说："鸣笳临乐馆，眺听欢芳节。急管韵朱弦，清（一作长）歌凝白雪。彩凤肃来仪（一作下），玄鹤纷成列。去兹郑卫声，雅音方可悦。"

[6]黄翔鹏：《乐问》，中央音乐学院学报社2000年版，第182页。

[7]蔡仲德：《中国音乐美学史》（修订版），人民音乐出版社2003年版，第606页。

[8]"正始"一词始见于《毛诗序》："《周南》《召南》，正始之道，王化之基。"而《毛诗序》又据《左传·襄公二十九年》季札观乐时的赞语，即"为之歌《周南》《召南》。曰：美哉！始基之矣"一句。司马迁《史记·乐书》则据此说："正教者皆始于音，音正而行正。"白居易时则更为具体，在《五弦弹》中他把礼乐或雅颂之乐称为"正始之音"。

[9]蔡仲德：《中国音乐美学史》（修订版），人民音乐出版社2003年版，第619页。

[10]"崇雅与爱俗"的提法，见秦序《崇雅与爱俗的矛盾组合——多层面的白居易音乐美学观及其变化发展》，《中国音乐学》2001年第1期。

[11]据《复乐古器古曲》。原文："是故和平之代，虽闻桑间濮上之音，人情不淫也，不伤也；乱亡之代，虽闻《咸》《濩》《韶》《武》之音，人情不和也，不乐。故臣以为销郑卫之声、复正始之音者，在乎善其政，和其情，不在乎改其器，易其曲也。"

[12]据《复乐古器古曲》。

[13]蔡仲德：《中国音乐美学史》（修订版），人民音乐出版社2003年版，第617页。

[14]蔡仲德：《中国音乐美学史》（修订版），人民音乐出版社2003年版，第619页。

[15]秦序：《崇雅与爱俗的矛盾组合——多层面的白居易音乐美学观及其变化发展》，《中国音乐学》2001年第1期。

[16] 原文："乐而无声，和之至；声而有象，乐之器。……人逍遥于至道，咸自适于中情，亦何击而何考？厥初造化，众籁未吟，寂兮寥兮，有此无音。无听之以耳，将听之以心，漠然内虚，充以真素，处此道者，无日不闻于律度；倏尔中动，迁于内形，涉此流者，没身而不得一听。得意贵于忘言，得鱼贵于忘筌。尧人致歌于击壤，陶令取逸于无弦。音留情以待物，亦同礼之自然。此乐也，平而不偏，正而不回，贫且贱不以之去，富与贵不以之来，颜生得之陋巷而自然，殷纣失之北鄙而人哀。乐云乐云，钟鼓云乎哉！"

[17] 参见蔡仲德《中国音乐美学史》（修订版）第二十九章"魏晋—隋唐佛教典籍中的音乐美学思想"，人民音乐出版社 2003 年版，第 586—598 页。

[18] 参见王昆吾《从敦煌学到域外汉文学》，商务印书馆 2003 年版，第 192 页。又见该书第 185 页说："声的清浊二分，从实践的角度，可以理解为佛教音乐与外道音乐之分；从理论的角度，则可以理解为无欲与有欲之乐的区分。"

[19] 王昆吾：《从敦煌学到域外汉文学》，商务印书馆 2003 年版，第 179 页。

[20]《阿弥陀经》（净土宗之主要经典）说："从是西方过十万亿佛土，有世界名曰极乐……舍利弗，彼土何故名为极乐？其国众生，无有众苦，但受诸乐，故名极乐……彼佛国土，常作天乐……其土众生、闻是音已，皆悉念佛、念法、念僧。"民国居士黄智海《阿弥陀经白话解释》说这种"天乐"的乐器"都是浮在虚空里头，不会落下来的，也不要人去吹，不要人去弹，自然而然会发出百千万种很好听的声音来的，念佛的人临终的时候，虚空里头有天乐来接，就因为西方极乐世界本来常常有这种音乐的缘故"。[参见蔡仲德《中国音乐美学史》（修订版），人民音乐出版社 2003 年版，第 592 页]

[21] 引自《大乘悲分陀利经》。此处引《悲华经》《大乘悲分陀利经》文字均转引自王昆吾《从敦煌学到域外汉文学》（商务印书馆 2003 年版）第 185 页注①。

[22] 转引自王昆吾《从敦煌学到域外汉文学》，商务印书馆 2003 年版，第 185 页。

[23] 转引自蔡仲德《中国音乐美学史》（修订版），人民音乐出版社 2003 年版，第 527 页。

[24]《增一阿含经》和《中阿含经》文字转引自王昆吾《从敦煌学到域外汉文学》，商务印书馆 2003 年版，第 187 页。

[25] 这里所指"佛教音乐"，包括先后从印度传入中国的呗赞、转读、唱导、佛曲等。据梁慧皎《高僧传·卷十三》（光绪十年金陵刻经处本）："天竺方俗，凡是歌咏法言皆称为呗。"又云："设赞于管弦则称呗……咏经则称为转读，歌赞则号为梵呗。"其主要特点就是配合佛教教义的传播。前三者均为声乐及说唱形式，其中，转读和唱导演化为唐代著名的"变文"，而后者则是佛曲器乐形式，其乐曲及其结构也与隋唐"法曲"有关。

[26] 参见蔡仲德注译《中国音乐美学史资料注译》（增订版），人民音乐出版社 2007 年版，第 570—571 页。韩愈《送孟东野序》作于 803 年，其文云："大凡物不得其平则鸣。草木之无声，风挠之鸣；水之无声，风荡之鸣，其跃也或激之，其趋也或梗之，其沸也或炙之；金石之无声，或击之鸣。人之于言也亦然，有不得已者而后言，其歌也有思，其哭也有怀。凡出乎口而为声者，其皆有弗平者乎！乐也者，郁于中而泄于外者也，择其善鸣者而假之鸣。金、石、丝、竹、匏、土、革、木八者，物之善鸣者也。维天之于时也亦然，择其善鸣者而假之鸣。是故以鸟鸣春，以雷鸣夏，以虫鸣秋，以风鸣冬。四时之相推夺，其必有不得其平者乎！"

[27] 蔡仲德：《中国音乐美学史》（修订版），人民音乐出版社 2003 年版，第 629 页。

[28] 韩愈《听颖师弹琴》全诗如下："昵昵儿女语，恩怨相尔汝。划然变轩昂，勇士赴敌场。浮云柳絮无根蒂，天地阔远随飞扬。喧啾百鸟群，忽见孤凤凰。跻攀分寸不可上，失势

一落千丈强。嗟余有两耳，未省听丝篁，自闻颖师弹，起坐在一旁。推手遽止之，湿衣泪滂滂。颖乎尔诚能，无以冰炭置我肠。"[《昌黎先生集》，蟫隐庐影印宋世彩堂本，转引自蔡仲德注译《中国音乐美学史资料注译》（增订版），人民音乐出版社 2007 年版，第 850 页]

[29] 韩愈《听颖师弹琴》是描写古琴音乐的诗，北宋欧阳修认为是琵琶诗，苏东坡支持欧阳修而作《听贤师琴》，否定韩愈《听颖师弹琴》；著名琴僧义海据理力争肯定韩诗。围绕该诗的是非得失问题打了将近一千年的笔墨官司。但至清代，学者蒋文勋在《琴学粹言》中把这一论争提高到了审美观论争的高度，其论述已触及了"平和"审美观与"不平"审美观的关系问题。见本文导言部分。

[30] 参见（唐）韩愈著，钱仲联、马茂元校点《韩愈全集》，上海古籍出版社 1997 年版，第 45、103 页。

[31] 诗云："秋夜不可晨，秋日苦易暗。我无汲汲志，何以有此憾？……有琴具徽弦，再鼓听愈淡。古声久埋灭，无由见真滥。低心逐时趋，苦勉只能暂。有如乘风船，一纵不可缆。不如觑文字，丹铅事点勘。"

[32] 参见李祥霆《论唐代古琴演奏美学及音乐思想》（下），《中央音乐学院学报》1995 年第 4 期。

[33] 其文云："与众乐之之谓为乐，乐而不失其正，又乐之尤也。四方无斗争金革之声，京师之人既庶且丰，天子念致理之艰难，居乐安之闲暇，肇置三令节，诏公卿侍有司至其日率厥官属饮酒以乐，所以同其休，宣其和，感其心，成其文者也。三月初吉，实惟其时，司业武公，于是总太学儒官三十有六人列燕于祭酒之堂。樽俎既陈，肴馐惟时，醆斝序行，献酬有容，歌风雅之古辞，斥夷狄之新声，褒衣危冠，与与如也。有一儒生，魁形其形，抱琴而来，历阶而升，坐于樽俎之南，鼓有虞氏之《南风》，赓之以文王、宣父之操，优游夷愉，广厚高明，追三代之遗音，想舞雩之咏叹。及暮而退，皆充然若有得也。武公于是作歌诗以美之，命属官咸作之，命四门博士昌黎韩愈序之。"（《全唐文》第六册，卷五五六，中华书局影印本，第 5629 页）

[34] 转引自蔡仲德注译《中国音乐美学史资料注译》（增订版），人民音乐出版社 2007 年版，第 845 页。

[35] 转引自蔡仲德注译《中国音乐美学史资料注译》（增订版），人民音乐出版社 2007 年版，第 844 页。

[36] 转引自吴文治编《韩愈资料汇编》（第二册），中华书局 1983 年版，第 594 页 [（清）俞德邻《佩韦斋辑闻》卷二]。

[37] 唐代古琴艺术就类别来说分为"文人琴"和"艺术琴"，此说参见李祥霆《论唐代古琴演奏美学及音乐思想》（上、下），《中央音乐学院学报》1995 年第 3、4 期。

[38] 参见蔡仲德《中国音乐美学史》（修订版），人民音乐出版社 2003 年版，第 698—699 页。

[39] 参见叶明春《韩愈听琴诗论争给我们的启示——兼论平和审美观与不平审美观》，第六届中国美学年会论文，2000 年。

[40]（唐）柳宗元撰，（宋）韩醇音释：《四库全书·集类·汉至五代·柳河东集》卷四十四、卷四十五。《非国语下》（三十六篇），下引文字注篇名者均据四库本标点。

[41] 原文说："王问律于伶州鸠，对曰。非曰：'律者，乐之本也，而气达乎物。凡音之起者，本焉。'而州鸠之辞曰：'律吕不易，无奸物也。和平则久，久固则纯，纯明则终，终复则乐，所以成政，'吾无取乎尔。又曰：'姬氏出自天鼋，大姜之侄所凭神也。岁在周之分

野，月在农祥，后稷之所经纬也。武王欲合是而用之，斯为诬圣人亦大矣。'又曰：'王以夷则毕陈，黄钟布戎，太簇布令，无射布宪，施舍于百姓。吾知其来之自矣。是《大武》之声也。州鸠之愚，信其传，而以为《武》用律也。'孔子语宾牟贾之言《大武》也。曰：'《武》始自北出；再成而灭商；三成而南；四成而南国是疆；五成而分周公左，召公右；六成复缀，以崇天子，夹振之而四伐，盛威于中国。'则是《大武》之象也。致右宪，左久，立于缀皆《大武》之形也。夷则、黄钟、太簇（按：同"簇"）、无射、《大武》之律变也。"

［42］道学家们对柳宗元其人其文颇有微词。如宋代黄震《黄氏日抄·读文集二·柳文》说："柳以文与韩并称焉。韩文论事说理，一一明白透彻，无可指择者，所谓'贯道之器'。非欤柳之达于上听者，皆谀辞致于公卿大臣者，皆罪谪后差缩无聊之语。碑碣等作亦老笔与俳语相半，间及经旨义理，则是非多谬于圣人，凡皆不根于道故也。"（据《四库·子部·儒家类·黄氏日抄》卷六十）苏轼也批评柳氏说："柳子之学，大率以礼乐为虚器，以天人为不相知云云，虽多，皆此类耳。此所谓小人无忌惮者。"

［43］参见杨旻玮《唐代音乐文化之研究》，台湾文史哲出版社 1993 年版，第 253 页。

［44］参见［日］岸边成雄《唐代音乐史的研究》，梁在平、黄志炯译，台湾中华书局 1973 年版，第 115 页。

［45］参见黄翔鹏《乐问》，中央音乐学院学报社 2000 年版，第 171、191、192 页。

［46］《隋书·音乐志》卷十五说："始，开皇初定令置七部乐：一曰国伎，二曰清商伎，三曰高丽伎，四曰天竺伎，五曰安国伎，六曰龟兹伎，七曰文康伎。又杂有疏勒、扶南、康国、百济、突厥、新罗、倭国等伎。""及大业中，炀帝乃定《清乐》《西凉》《龟兹》《天竺》《康国》《疏勒》《安国》《高丽》《礼毕》，以为'九部'。乐器工依创造既成，大备于兹矣。"

［47］据《新唐书·音乐志》卷二十二之十一载，改《礼毕伎》为《燕乐》列于前首，另加入《高昌伎》呈如下排列：《燕乐》《清乐》《西凉》《龟兹》《天竺》《康国》《疏勒》《安国》《高昌》《高丽》。

［48］引自《新唐书·音乐志》卷二十二之十二。

［49］据《旧唐书·音乐志》卷二十八之八载："贞观十四年，有景云见，河水清。张文收采古《朱雁》《天马》之义，制《景云河清歌》，名曰宴乐，奏之管弦，为诸乐之首，元会第一奏者是也。"

［50］参见黄翔鹏《乐问》，中央音乐学院学报社 2000 年版，第 194 页。黄翔鹏说："九、十部乐并不是常设的、有训练、有创作、不断提供新曲目的机构，不过是宫廷礼仪必备程序的产物罢了。换句话说，就是礼仪节目单。在重要的庆典活动中，九、十部乐象征周边诸国臣服于唐帝国。"此说可从。

［51］参见杨荫浏《中国古代音乐史稿》（上册），人民音乐出版社 1981 年版，第 259—260页。据《隋书·音乐志》卷一四，郑译说："以编悬有八，因作八音之乐，七音之外，更立一声，谓之应声。"即成"宫调、应调、商调、角调、变徵调、徵调、羽调、变宫调"八调。但 104 首雅乐中只有一首"应调"，五首"宫调"，八首"徵调"，其余各调使用概率较高。本文不打算评价该理论是否合理等问题，但就其蕴含的隋代雅乐审美观念而言，这一点尤为重要。

［52］杨荫浏：《中国古代音乐史稿》（上册），人民音乐出版社 1981 年版，第 260 页。

［53］杨荫浏：《中国古代音乐史稿》（上册），人民音乐出版社 1981 年版，第 262 页。这是杨荫浏借用日本学者林谦三《隋唐燕乐调研究》的说法，简化了唐燕乐二十八调各调之间的关系。《周礼》说："凡乐，圜钟为宫，黄钟为角，太簇为徵，姑洗为羽。"杨荫浏说这是雅乐

派"为调式"的依据。本文则认为推动这种行为及理论的动力还是在于"平和"审美观所渗透的礼乐政治和社会功能属性。

［54］引《四库全书·子部·羯鼓录》第8页。书号3417，盘号315。

［55］转引自蔡仲德注译《中国音乐美学史资料注译》（增订版），人民音乐出版社2007年版，第853—854页。

［56］参见杨荫浏《中国古代音乐史稿》（上册），人民音乐出版社1981年版，第239页。杨荫浏所据杨巨源《观妓人入道》和王建《送宫人入道》《温泉宫行》等诗句和段安节《乐府杂录》及《全唐诗》《明皇杂录》等文献。

［57］参见杨荫浏《中国古代音乐史稿》（上册），人民音乐出版社1981年版，第258页。

［58］李祥霆说："唐代文献所反映出的古琴音乐思想可分为两种。一为艺术琴，一为文人琴。'艺术琴'者，是以琴为音乐艺术，反映着古琴音乐艺术表现古人、时人的社会生活、思想感情。讲求艺术之美，讲求音乐技巧。溶入自身，感动他人。艺术琴人既有职业琴师，也有兼善琴人。'文人琴'是文人爱好。或以琴作自我修养，或以琴娱宾悦己，或以琴怀圣思贤，或以琴避世慕仙，但也有文人爱琴在于其艺术寄情者。"［李祥霆：《论唐代古琴演奏美学及音乐思想》（下），《中央音乐学院学报》1995年第4期］

［59］苗建华：《古琴美学与古琴命运的历史考察》，博士学位论文，中央音乐学院，2001年，第22页。

敦煌莫高窟壁画中的立意与创作 *

曾金寿

前言

敦煌莫高窟壁画受古印度佛教的影响，但同时在向中原传播的过程中又不断地增加新血液，使其丰富多彩，呈现出汉化的态势。其形成原因是多方面的：其一，该地是进入中原的要道，有来来往往的商人、使节、移民、士兵等，他们将不同来源地的艺术、审美特征带到敦煌，融入壁画中；其二，该地在 1000 多年的兴盛过程中，先后被唐朝、吐蕃、西夏王国统治，因而把多民族艺术元素、外域艺术形式融入其中；其三，佛教在传播过程中途经中亚、西域广大地区，而这些地区又是多民族杂居，往往由于战乱之关系或者商贸之关系，除本地艺术元素外甚至把外域以至于欧洲某些艺术特征融入其中，影响了佛教艺术特征的多元化形成。

今天来看，敦煌莫高窟壁画是敦煌学研究中数量最多、研究最早的艺术形式。它不仅形成时间长，而且规模宏大，是世界上少有的美术作品，也是研究 4 世纪至 14 世纪期间中国美术史不可缺少的资料。

---

* 本文系西安音乐学院专项基金项目"敦煌莫高窟壁画中的立意与创作"（2019）部分研究成果。

一、莫高窟壁画的立意及个性化特征

敦煌莫高窟壁画是以宣传佛教及其思想为目的的。它以通俗易懂、简易明了为主要特色。基于此,在整个存在过程中,其香火甚浓,不仅达官贵人烧香拜佛,而且来自不同地域的民众也参与其中,对佛教的兴盛及传播做出了巨大的贡献。

敦煌莫高窟壁画不仅能吸引民众,同时也传承了印度佛教壁画、石雕,以及中原与周边民族的艺术形式及价值取向,可谓艺术形式汇聚的大熔炉。它以佛像画、故事画、神话题材画、经变画、供养人画而著称,其间还包含众多文化信息和艺术信息,是研究中原与西域、中原与印度、中原与西亚诸国的资料宝库。

(一)图像画

图像画是以佛为图像主体,进行各种形式的表现,具有代表性的有释迦牟尼、观音、文殊、弥勒、紧那罗(乐天)、天王、龙王、地藏等。隋唐时期,又出现了单独佛、菩萨像、观音像、千手观音、十一面观音等。他们有各自的智慧和象征寓意,如其中的菩萨像初为男像或无性像,唐之后转化为女像。观世音菩萨是人们在苦难生活中的寄托和希望,被认为具有无量的智慧和神通,是西方极乐世界教主阿弥陀佛座下的上首菩萨,同大势至菩萨一起,是阿弥陀佛身边的胁侍菩萨,并称"西方三圣"。

(二)故事画

故事画主要来自佛经,有情节和寓意深刻的因果关系。它具有独立连环画的特点,是故易懂、易理解、易吸引民众。在敦煌莫高窟壁画中,现存有不同类型的故事画54种,161幅。其中,有佛传故事画、本生故事画、因缘故事画等。佛传故事是指佛祖入胎、降生、求学、出家求法、成道、涅槃等一系列佛祖在世时的经历;本生故事是指佛祖在此世之前(前世)无数次修行、转世所发生的故事;因缘故事是用佛教故事的形式来传播因果、因缘等。

因缘即缘起，缘是原始佛教的基本义理之一，因缘是梵语尼陀那的意译。

（三）神话题材画

神话题材画出现在北魏晚期，集中在洞窟顶部藻井四周，涉及东王公、西王母、女娲、伏羲等。该类壁画是佛家思想与道家、儒家思想相融合的绘画形式，唐初后逐渐消失，比较著名的画有《乘象入胎》《夜半逾城》《涅槃图》《九色鹿》《化城喻品》《五百强盗成佛》《尸毗王割肉救鸽》《萨埵太子舍身饲虎》等。

（四）经变画

经变画是用画像来解释某部佛经的思想内容，因此也称为经变或变相。它有别于本生故事画、因缘故事画、佛传故事画、单身尊像等，是将某一部甚至某几部有关佛经之主要内容组织成首尾完整、主次分明的大画。经变画始于隋，盛行于唐，五代后承其余绪，是我国佛教艺术的独创形式。据统计，经变画在敦煌壁画中有三十余种，千余幅之多。经变画在唐代前期有多种经变，形式也多种多样，主题突出，色彩绚烂；在唐代晚期则呈现出公式化倾向。在莫高窟经变画中，持续时间长的是西方净土变、东方药师变、弥勒经变、法华经变、维摩诘经变；数量最多的则是东方药师变。其内容丰富，形式多样，虽说主题来自佛经，但从中可以反映出画家之奇思与多彩斑斓的社会生活图景。

（五）供养人画

供养人画是出资绘制图像者的画像。早期为小身，绘画于说法图下方，很不起眼。至唐时，它的图像逐渐增大，甚至出现等身巨像。供养人画像十分丰富，其身份不等，民族不等，涉及众多的面相和服饰等。晚唐出现的出行图是供养人画像的新形式，代表图画是《张议潮统军出行图》。

（六）佛家事迹画

佛家事迹画主要描绘佛教历史人物、历史事件、佛教圣地和灵应故事等。

佛家事迹画多取材于对高僧、圣迹的记载，以及《法显传》《大唐西域记》《西域传》等著作中记述的历史故事。佛教事迹画按其性质内容可分为佛教历史画、感通故事画、佛教瑞像图、高僧事迹画、佛教圣迹画等。在敦煌壁画中，佛教事迹画是全国乃至全世界保存最完整、内容最丰富、数量最多的绘画形式，对研究社会历史、佛教史、美术史、西域史、中印文化交流史等都具有重要的形象资料价值。

二、敦煌莫高窟壁画的创作艺术特征

整体来看，敦煌莫高窟壁画的创作艺术特征是多元化发展趋势。其中，既有古印度的艺术特征，也有佛教北传过程中融入的多民族艺术元素和中原的艺术元素。它可以分前后两个大时期：前期是北魏至隋时期，后期是隋至元时期。前期其壁画无论是色泽、人物相貌，还是手持乐器、乐舞姿态大都呈现出外域的艺术特色；后期则经过隋朝的融合和吸收，逐渐呈现出中原化艺术特色，其中夹杂外域艺术特征的中原化和中原艺术特征的外域化。

（一）犍陀罗艺术

犍陀罗艺术形成于公元 1 世纪前后的白沙瓦（巴基斯坦北部印度河与喀布尔河的交汇处）。这里自公元前 4 世纪开始就先后受古希腊与中亚和印度次大陆文化的影响。伴随文化的相互交融，希腊、罗马式艺术表现手法与中亚和印度次大陆的艺术相互借鉴，形成独特的艺术表现形式。

犍陀罗艺术主要体现在佛教的雕像、浮雕、建筑、画像等方面。公元前4 世纪以来，犍陀罗艺术受希腊艺术表现方法的影响，同时又融汇了古印度传统艺术，吸收了希腊、波斯、罗马之风格。它的典型特征是：佛像面容呈椭圆形，眉目端庄，鼻梁高而长，头发呈波浪形并有顶髻，身披希腊式大褂，衣褶多由左肩下垂，袒露右肩，佛及菩萨像有时且带胡须等。

犍陀罗艺术最早的作品是浮雕，约制作于公元 1 世纪中叶。它表现释迦牟尼接受商人捐赠花园。其中，佛和商人、信徒的形象皆用当地流行的希腊风格表现，仅佛头部雕有光轮以显示其神圣。其后表现佛从诞生、布道说法到涅槃的浮雕渐多，并有圆雕佛像出现。至 2 世纪中叶，犍陀罗佛像制作已达到成熟期，形成独具一格的犍陀罗风格。这种艺术风格影响到佛塔的建筑、佛画像等领域。

莫高窟壁画中的犍陀罗艺术最初是模仿印度和中亚传来的佛像形式，隋唐以后，逐渐形成了中国式的佛像：它的面部形象不仅中国化，而且佛像的衣饰也变成了中国人的服饰，反映了外来的佛教艺术与中国本土艺术的融合。同时，在佛教艺术长期繁荣发展之中，中国的绘画艺术也受到强烈的刺激，从而得到飞速的发展。

（二）飞天

飞天又叫香音神，是印度飞天中国化的产物。早期为西域式，特点是上身半裸，宝冠裙帔。晚期为中原式，特点则是秀骨清像，褒衣博带。

从艺术形象上说，敦煌飞天不是一种文化的艺术形象，而是多种文化的复合体。尽管它的故乡在印度，但敦煌飞天却是印度文化、西域文化、中原文化共同孕育下的产物，是印度佛教天人和中国道教羽人、西域飞天和中原飞天长期交流、融合为一的结果。虽然它们没有翅膀、不生羽毛、没有圆光，但却借助着彩云，凭借着飘曳的衣裙、飞舞的彩带凌空翱翔。敦煌飞天是中国艺术家的独特创作。它与洞窟同时出现，从十六国开始，持续千年有余。在每个时期，其姿态、脸型、位置均有不同。至元末时，随着洞窟的停建而渐渐消失。

（三）晕染法

晕染法是通过凹凸画法描绘画像，重在强调它的立体感。这种手法出自印度，西凉时开始出现一面受光的晕染，并与民族传统的晕染相融合，创造出既表现人物面部色泽，又富有立体感的新的晕染法。

晕染法的早期特点是在身体肉白色的底色上用浅朱红色的粗线条勾勒头面、身体、四肢的轮廓线；晕染粗线内侧，与底色逐渐融合，产生立体感。面部用粗线条沿着眼眶画圆圈，鼻子两侧同样用粗线条勾勒轮廓。从隋朝开始，逐渐和中原的绘画技法交融。为了突出线描造型，用色较单纯，混合色使用较少。

敦煌壁画中的"凹凸晕染法"展现出了悠久的绘画历史底蕴。随着时代的变迁，画家往往根据人们的审美情趣加进了新材料、色彩和构图，使之更具有时代特征，如在讲求凹凸立体关系的同时，更讲究画面的虚实，以及所画物体色彩的明暗、冷暖关系；追求凹凸浅浮雕的艺术效果之外，也讲究画面的层次分明、物象立体；等等。

（四）装饰图案

装饰图案主要起装饰、连接、分界、陪衬的作用。其中，有些是单独的个体，装饰着石窟的某一个部分，如藻井图案、人字披图案、平棋图案等。藻井图案规模最大，纹样最丰富，结构最完整，表现手法最精密，可说是敦煌图案的集大成者。而有些和彩塑、壁画组成一个有机的整体，起着对整个石窟的装饰作用，对建筑、彩塑、壁画起到陪衬、连接、分界的作用。它们无论从题材、纹饰组织，还是色彩运用与表现手法等都烙印着鲜明的时代特色。如早期（北凉、北魏、西魏、北周）近二百多年间，多受西域外来图案风格的影响。其风格简洁、组合变化规律有致、用色简明热烈淳厚。图案中，东罗马艺术、波斯萨珊王朝和中原艺术风格相互渗透、相得益彰。中期（隋、唐），在多元文化的大背景下，图案纹饰开始进入一个精心设计、精心细画的历史时期。其所呈现的纹样、色彩与色调，不再是壁画形象的延伸，而是具有了独立的设计形式。它们在造型、色彩、绘制手法上有继承也有创新，不仅美化了佛教人物的衣裙，而且以细密的组织与结构复杂的藻井、龛楣等装饰图案相呼应，完善了石窟艺术的整体感。晚期（五代、宋、西夏、元），敦煌地区相继由曹氏政权、党项族、蒙古族统治。由于执政民族的不同，不同民族的习俗、生活习惯等都对装饰图案产生了不同程度的影响。这个时期的纹饰打破了以往的程式，增加了许多新形式、新内容，尤为明显的就是大量的龙凤图案被使用。它们色彩绚丽，为我们研究该时期的装饰图案提供了宝贵的形象资料。

装饰图案主要出现在平棋、藻井、四边桁条上，代表性的装饰图案有莲荷纹、忍冬纹、云气纹、火焰纹、星象纹、棋格纹、鸟兽纹和神怪飞天等。

其中，受外来影响最鲜明的装饰纹饰是联珠纹、卷草纹、狮凤纹、狩猎纹、兽禽纹等。

1. 联珠纹

联珠纹是由一个个的小圆珠组成，排成条带形状，或围成一个圆圈，用以包围主题纹样，成为联珠圈。联珠纹约 4 世纪从波斯传入，在隋唐时期广泛地被运用于各种绘画中。从传播上看，联珠纹虽然来自波斯，但却不是波斯人首创。严格意义上说，它与祆教有着紧密关系，因为在祆教图样中凡置于联珠圈内的动物并非仅仅是唯美的装饰，更具有宗教与神话的含义，这是联珠纹最早的功能意义。联珠纹后被波斯萨珊王朝画家借鉴，成为典型的纹饰骨架之一。它或呈条带，或组成菱格，或围绕在圆形主题图案的边缘构成联珠纹。在莫高窟壁画中，联珠纹代表画作主要有：第 420 窟 "联珠狩猎纹"；第 402 窟龛口沿边石饰 "联珠翼马纹"；第 277 窟龛口沿边饰 "联珠对马纹"。这些联珠纹是佛教中国化的结果。显而易见的是，它们弱化了神性的特点，更突出写实的装饰效果。圈内往往是生活的写实，圈外是花鸟植物用以营造与生活相似的意境。所用的联珠纹饰也出现了龙、鸳鸯、鸡、鹅等。

2. 卷草纹

卷草纹又名蔓草纹，呈叶形卷曲状，连绵不断。这种装饰图案早在中国新石器时代的陶器、彩陶中已有影子存在，后在商周青铜器，春秋战国时期的铜镜、漆器中逐渐程式化。卷草纹在中国一直被视为吉祥的图案，受艺术家崇爱。但是，在卷草纹内加动物，或以二组卷草相对并列，却是受波斯的影响。

在敦煌莫高窟壁画中卷草纹有两种样式：一种是同一单元纹饰做等距离排列，以茎或叶串联成波纹，代表性的卷草纹出现在第 332、321 窟；另一种是茎多叶繁，如激流浪花，有时还夹杂石榴、茶花、灵鸟等，代表性的卷草纹出现在第 220 窟（初唐），第 41、444 等窟（盛唐）。唐朝时期的卷草纹高度集中了传统图案和西域纹样中变化与统一的构成原理，因此，它的结构均衡，又有条理性的重复等特点。它的造型优美、结构严谨、线条流畅、色彩灿烂，是装饰图案中最具特色的一部分。显而易见，它的发展结合了中国传统卷草纹的风格特点，同时又加入了新的纹饰因素。敦煌壁画中的卷草纹盛行于唐代，后逐渐消失。这与当时政治、经济、文化及工艺制作中追求图案装饰的多元化都有着紧密关系。

3. 狮凤纹

狮凤纹是尊贵的象征。在生活中，狮子是兽中之王，能够震慑百兽，所以狮子也成为威武的象征。狮子亦与狻猊相似，传说中能辟除邪厉。西亚的狮子，称亚洲狮，在亚述文明中是凶猛的象征，因此时常将国王乘车猎狮的情景雕刻在石壁上，以表现国王的英勇无敌。在佛教壁画中，把它作为菩萨的坐骑出现，或将狮子塑造在佛陀的金刚座两侧，意在比喻佛法的强大与至高无上的地位。凤鸟则展示着尊贵，是美丽的象征，因此常常作为人物衣冠服饰上的装饰出现，偶尔也在华盖、龛楣、藻井及一些器物装饰中出现。在敦煌壁画中，狮凤纹时常以对称形式组成花边：中间为一束鲜花，两侧凤鸟立于莲花之上，喙衔宽大的绶带，前有光焰四射的宝珠，尾部则演变为美丽绽放的花叶；凤鸟后面各立一狮子，反向，昂首挺胸，两爪向前，做献宝状，背景为流动的彩云。狮凤纹是吉祥、尊贵的象征。例如：莫高窟第61窟（五代），画有双凤狮子、花草纹，鸾凤口衔绶带居中，展翅对舞；双狮立起，扑戏火珠。另外，狮凤纹有时也出现在菩萨服饰中，在直线交叉构成的菱格单元内出现。这种图案在隋代之前非常罕见，之后，受波斯织锦中的动物图案之影响，经常出现。

狮凤纹同龙凤纹具有同等重要的寓意。前者随佛教传入，预示着佛法的强大、至高无上；后者则是中华民族纹饰中最具有代表性的形象符号，象征着祥和之气。龙凤具有神性，但同时又是祥瑞。它们相配呈现吉祥，习称"龙凤呈祥纹"。

4. 狩猎纹

狩猎纹的题材大多取自骑士、骏马、狮子、虎、鹿、猎犬、猎鹰等。其中，狮子、猎犬、猎鹰是西域代表性的动物，在当地壁画、雕刻、浮雕中时常出现。一般狮子、虎是被猎之物，而猎犬、猎鹰则是助猎之物。

由于狮子在当地古代政治和宗教生活中扮演着重要的权力装饰和象征角色，所以统治者也常常以此比喻自己，象征王权。在佛教中，狮子作为菩萨的坐骑，被视为佛陀的化身，也是皇权的隐喻。

在丝绸之路上，随着贸易、宗教的传播，与之相关的狩猎纹也开始流传起来，尤其是隋、唐时期，无论是在纺织品中，还是在佛教壁画中，它都是一种盛行的纹饰。

隋、唐统治者有鲜卑族的血统，崇尚狩猎。他们通过狩猎影射征服其他族裔的自豪感，所以，在艺术创作中展露狩猎是艺术家对现实生活的能动反映。敦煌壁画中的狩猎纹虽说重在衬托佛经故事，但作为装饰图案却也反映了帝王将相对狩猎的重视和兴趣，如《张议潮统军出行图》（第156窟，唐朝），整个壁画就是骑马出行的队伍，其中有狩猎的士兵、传递信件的信使、手持旌旗的队伍、鼓吹乐仪仗队等，这些都离不开马。它们的毛色有黑、白、红，姿态也极富有美感。此外，狩猎纹也出现在菩萨上衣的装饰图案中，如第420窟（隋中期），佛龛内菩萨长裙上联珠纹圈内就画有胡服骑士骑在大象上，手拿大棒，回身与兽搏斗的场景。它说明，当时波斯萨珊王朝狩猎纹锦在唐朝上层贵族间是非常流行的。

狩猎纹的流行与隋、唐时期统治阶级对待外来文化、艺术的开放态度有关，也与自身对雄豪刚健、自由不羁的审美追求有着紧密之关系。

5. 兽禽纹

兽禽纹泛指兽类和鸟类的图案装饰。前者指在地上奔跑的野兽，后者则指在天上飞翔的禽鸟。在敦煌壁画中，兽类多为鹿、翼马、龙等。禽鸟则是鹅、鹦鹉、孔雀、鹤、大雁等。它们都具有神性，流露出对佛法的崇敬。此外，还有玄鸟、凤鸟、金翅鸟、青鸟，也有千秋长命鸟等，种类多且丰富多彩。兽禽纹有些来自中国古代的青鸟、龙，有些则来自外域，如翼马、鹿等。它们是东西文化碰撞、融合的结果，共同承担着宣扬善恶有报、仁义助人的思想品德。

敦煌壁画中的兽禽纹是伴随着壁画的出现而出现的，虽然仅是装饰，但却有其深刻的含义。如第435窟（北魏），窟顶平棋图案中的白鹅；第360窟（中唐），《观无量寿经变》天国伎乐的下面白鹅均曲颈挺胸、舒展双翅。它们体态优美，羽色洁白，被视为纯洁、忠诚、高贵的象征。白鹅在欧亚大陆的东方文化和西方文化中都被视为洁白高贵、优雅的象征，它忠贞不渝、志存高远。在佛教中，常以鹅比作佛陀，佛陀身上所具有的三十二相中的一相，为手足指缦网相，也比喻佛陀行走时安详徐步的样子。第322窟（初唐）中的孔雀，则是为佛致哀：一只尾羽高举、两翅扇动、显得焦躁不安；另一只看似平静，但眼神悲哀，以此衬托悲伤、哀婉之情。第257窟（北魏）西壁中部画的九色鹿，是敦煌壁画四大瑞兽（鹿、青鸟、翼马、龙）之一，喻示着善恶有报。该画命名《九色鹿本生》，通过横卷式连环画讲述佛生前的故事。画中，画家用白色作为鹿的主色，再用石绿、赭石在鹿身上点彩示其九色，与国王的黑马形成强烈的对比；国王与马表现出的多样姿态和动态又与九色鹿的纯净安详相衬托，使画面张力十足。画家使用的矿物质颜色，在中国画中被称为"石色"，覆盖性极强，色彩感觉饱满而纯正。黑白两种主色的沉重，加之构图中河流山川，人物飘带的灵动，使得画作既有故事性又有构图上的创意性。第249窟（西魏）北顶西端、第277窟（隋）西龛龛沿所绘制的翼马受波斯萨珊风格的影响。它属于神兽系列，与仙人、羽人一样在空中飞行。翼马形象从地中海边到中亚粟特再到中国的西北地区，都曾有图像出现，说明它在丝绸之路上被广泛传播。

（五）乐器

在敦煌莫高窟壁画中，乐器的出现是伴随乐舞、飞天伎乐，或者是作为整幅画的装饰而出现的，种类达几十种，总数达几千件。早期乐器大多呈现西域特色，从隋朝开始，大量融入中原乐器，展示了各个历史阶段外域乐器与中原乐器的不同形态与流变。对于乐器的描绘，也是虚实相兼：有些是写实，而有些是抽象概括；有些文献中有详细记载，而有些文献中没有记载。这些都是画师的艺术创作，有写实的一面，也有创作的一面。

1.飞天伎乐所持乐器

飞天伎乐一般被画在洞窟四周的上端，其中有些是舞蹈姿态，而有些是手持乐器的演奏姿态。它们有时在空中遨游，有时在阁楼中自娱自乐，婀娜多姿，千变万化。在整幅画中，飞天伎乐起到修饰的作用，随着历史的进程，其位置、形象、服饰、动态也发生了变化。其形式多彩多样、五彩缤纷，甚至有虚无缥缈之感。从形象上看，唐之前西域人物形象居多，唐之后则是中原人物形象成为主流。其变化显示，它同佛教本身一样，有一个逐渐被融入、被汉化的过程。

飞天伎乐在唐时期洞窟中数量最多。画家常常依据洞窟的形制、墙面，画出不同的风格。从所持乐器来看，也反映了乐器在不同时期的流行状况。如早期来自西域的乐器较多，从隋朝开始，中原乐器增多并与西域乐器合流，成为时代特征。

2."不鼓自鸣"乐器

"不鼓自鸣"即无人演奏、自发其声、自由飘荡之意。"不鼓自鸣"乐器主要作为画的装饰，或是丰富画的构图，或是反映天国世界的美妙与丰富多彩。该表现形式始于唐代，是受唐文化与习俗的影响而出现的。一般是乐器上系有不同颜色的彩带，随风飘扬，喻示极乐世界的神奇与奥妙，象征佛国世界里乐声缭绕，妙不可言。它涉及不同类型的乐器，如打击乐器有方响、拍板、毛员鼓、羯鼓、腰鼓、钲、答腊鼓、鼗鼓、碰铃；吹管乐器有横笛、竖笛、龙首笛、海螺、笙、竽、排箫、筚篥、号筒、义嘴笛；弹拨乐器有竖箜篌、古筝、凤首箜篌、阮咸、花边阮、五弦琵琶、直项琵琶、曲项琵琶；拉弦乐器有嵇琴。在这些乐器中，有些在其他类型的壁画中已出现过，而有些则是首次出现，具有重要的研究价值，诸如花边阮、义嘴笛等即是。

3.乐舞伴奏类乐器

乐舞伴奏类乐器主要出现在经变乐舞、世俗乐舞、童子乐舞、鸟乐舞中，展示佛国世界的歌舞升平、吉祥和美好的生活场景。在壁画中，乐舞是主体，而伴奏乐器则分列两边，排列有序，或弹，或吹，或做敲击状。从演奏形式来看，它更接近生活中的乐器排列，呈现出单排式、双排式、三排式，以及在视觉上构成的对称性。从乐器种类上来看，有中国固有乐器，也有从西域传入的乐器，可谓中原与西域乐器的大融合。

乐舞伴奏类乐器是伴随大型乐舞而出现的，在唐时期洞窟壁画中较为盛行，对揭示唐时期的宫廷燕乐表演具有重要的参考价值，代表性的壁画有：《观无量寿经变》（第 112 窟，中唐）、《西方净土经变》（第 158 窟，中唐）、《观无量寿经变》（第 358 窟，中唐）；《阿弥陀经变》（第 320 窟，盛唐）；《金光明经变》（第 158 窟，晚唐）、《药师经变》（第 144 窟，晚唐）；《报恩经变》（榆第 16 窟，五代）；等等。

（六）乐舞

在莫高窟壁画中，乐舞主要是装点极乐世界的美妙生活，千姿百态，各有不同的表演形式。其中，有些是写实，而有些不免加入了画家的主观想象、夹杂着虚构的某些特点。

总体来看，乐舞表演形式都是围绕着佛教主题呈现出来的。其中，有宏大的经变乐舞、世俗乐舞，也有凌空飞舞散花的飞天伎乐、胡旋舞、胡腾舞和形式新颖的迦陵频伽舞等。这些乐舞形式随历史的进程而相继出现，反映了不同历史时期乐舞形式的衍变与人们审美情趣的变化。

1. 经变乐舞

经变乐舞是经变画中的乐舞场景，规模宏大、形式新颖。这种乐舞形式在早期壁画中很是罕见，但进入唐代后逐渐增多，且成为画中主流。由于它的目的是宣传佛经思想，所以从某种程度而言更接近现实生活中的乐舞表演写照。在敦煌莫高窟壁画中，涉及经变乐舞的壁画共20余幅，与壁画本身一样，均是经过画家的精心设计和描绘的。显而易见的还有，除了乐舞形式多样、各有不同外，它的共同特点是：中间是舞伎表演，两边则是乐队伴奏；在编排上，不仅严谨，而且呈对称性。如第25窟（中唐）南壁绘制的经变乐舞图就极具代表性。该图中间画了一个舞伎，两边则各列四个乐伎伴奏。其左边乐伎所持乐器是琵琶、笙、筚篥、埙；其右边乐伎则演奏拍板、排箫、横笛、竖笛。八个乐伎分两列，呈梯形，神态自然，形象逼真。中间的舞伎是乐舞表演的主角。她头戴宝冠，身着紧身衣，肩上悬挂彩带，腰间横挎一毛员鼓，两手做拍打状。从整幅画来看，舞蹈欢快，有着强烈的节奏感；乐器组合以吹管乐器为主，呈现出欢快的音乐风格；舞伎和乐伎们身形丰腴，凸显了中唐时期"以胖为美"的审美特征。该画极具写实感，与唐代宫廷流行的"健舞"有异曲同工之妙。

2. 世俗乐舞

世俗乐舞虽说在莫高窟壁画中是非佛教的表现形式，但却再现了历史生活中的某些乐舞场景。它涉及的内容非常广泛，几乎包括生活中的各个方面，如有民间乐舞、宴饮乐舞、婚礼乐舞、出行乐舞，也有来自西域的杂技表演等。这些表演形式重视娱乐性、仪式性，同时也反映了乐舞在不同生活阶层间的流行状态。

在世俗乐舞中，《张议潮统军出行图》是军旅乐舞的代表，而《宋国夫人出行图》则凸显了民间乐舞的典型性。这两部乐舞出现在第156窟（晚唐）的南壁下端和北壁下端，呈对称布局。张议潮是晚唐时期的河西节度使，掌管军政大权。从壁画可以看出，他出行时战马列队、旌旗飘扬，再现了张氏家族的权势和威望。队伍前面是八位骑士分列两队，演奏鼓吹乐，后面紧接着是乐舞表演、乐器演奏。画面上虽说乐人、舞伎的人数不多，但却反映了河西节度使出行时的雄伟气魄。其中，男舞者头戴幞头，一手垂于背后，一手高举头上；女舞者高髻云鬟，挥动长袖，翩翩起舞。他们的行头与舞姿明显带有吐蕃风俗。唐代，敦煌一度被吐蕃统治了近70年，因此这里依然遗留着浓厚的吐蕃习俗。壁画中的服饰、装扮就是吐蕃舞流行的真实写照，反映了吐蕃乐舞风格在敦煌的流行状况。其中，乐器演奏者持着不同乐器，有大鼓、竖箜篌、琵琶、阮咸、笙、腰鼓等，相似于唐朝宫廷乐舞的伴奏乐器。这些乐器是中原与西域交流与融合的结晶，恰当地反映了敦煌在晚唐时期依然保存有大唐宫廷燕乐的余晖。《宋国夫人出行图》被画在第156窟北壁的下端，主要再现了张议潮妻子出行时的盛况。画面中，虽说没有鼓吹乐开道，但却描绘了自汉代以来沿丝绸之路流行的"百戏"场景。"百戏"是各种杂耍的总称，其中有爬竿、魔术、杂技等艺术表演形式，在上层贵族间尤为流行。从图中可见，有一人头顶长竿，另一人持长竿在旁边护持，顶竿上同时还有数个孩童在表演。后面依次出现四个提腿拂袖的舞伎和乐队伴奏人员。该壁画虽没有《张议潮统军出行图》的气派、壮观，但却反映了历史生活中河西节度使家眷的生活场景。可以看出，女主人身披轻纱，头饰高髻，风姿犹存，俨然就是唐朝宫廷的一位贵妇人。她的周围有许多侍从，手拿镜子、蒲扇、水壶、古琴。这些都是唐朝贵妇人生活的普遍配备，尤其是古琴，显示了她的高雅、身份和地位。

世俗乐舞是生活中的娱乐性乐舞，往往根据主人的喜好被安排在不同场合表演。在敦煌壁画中，除了《张议潮统军出行图》《宋国夫人出行图》外，还有《曹议金出行图》《回鹘公主出行图》（两者均在第100窟，五代）中的乐舞场景。曹议金是五代时期的敦煌节度使，从其画面可以看出，依然沿用了《张议潮统军出行图》中的布局形式，尤其是鼓吹乐的使用，说明该表演形式自汉以来就是军中出行的重要表演形式。此外，还有有些私人性质的乐舞，重在反映主人对乐舞表演的某些兴趣与爱好，如第154窟（中唐），描绘了住宅内载歌载舞的场景。从其装扮来看，少数民族乐舞的表演特征较为明显，可能主人本身就是少数民族，或者他喜欢具有少数民族元素的乐舞表演形式。

世俗乐舞具有很强的写实性，从某种程度而言，它再现了现实生活中乐舞的表演姿态、服饰等，具有重要的参考价值。

3. 胡旋舞、胡腾舞

胡旋舞、胡腾舞均出自西域，后沿丝绸之路，传播至中原地带。前者来自康国（乌兹别克斯坦的撒马尔罕），表演者为女性。表演时，节奏明快，旋转如风。后者则来自石国（今乌兹别克斯坦塔什干一带），表演者为男性。表演时，动作急转起伏，节奏明快。它们的共同点是：表演时节奏感强烈，打击乐器占有重要地位。

关于胡旋舞和胡腾舞的表演在唐诗中亦有众多描写，如白居易的《胡旋女》、元稹的《胡旋女》、刘言史的《王中丞宅夜观舞胡腾》、李端的《胡腾儿》等。这说明胡旋舞、胡腾舞传入长安后一度盛行，成为王公贵族争相追求的时代风尚。

敦煌壁画中描绘胡旋舞的主要体现在第85、129、148、197、205、215、220、331、341等窟。从画面来看，有独舞、双人舞或四人舞。表演时，舞伎立于舞筵（专为舞者铺设的织花小圆毯）上，执巾而舞。她肩披长巾[1]，头梳武髻，上身穿紧身戎服短装，下身着波浪形下摆的长裙，做急速旋转。第220窟（初唐）描绘的胡旋舞人数最多、最集中。其北壁下端和南壁下端均是胡旋舞的场景。不同的是，北壁下端胡旋舞者共四人，呈对称状。南壁下端胡旋舞者共两人，是对舞形式。可以看到的还有，她们手持长巾，立于小圆毯上，两脚交叉，急速旋转。这种舞姿同《旧唐书·音乐志》和段安节《乐府杂录》中有关胡旋舞表演的记载几乎一致。

胡旋舞在敦煌壁画中出现，反映出了该乐舞在唐时期已成为时尚，虽然它出自康国，但却为唐人所接受、喜爱。可见，它不仅仅体现了唐人对待外来文化的包容与开放，更重要的是反映了人们对待乐舞的审美情趣已悄然发生变化，追求胡风已成为风尚。

敦煌壁画中描绘胡腾舞的主要体现在第98、159、172、320窟的北壁等。同胡旋舞不同的是，它是男性舞蹈，风格粗犷、刚毅奔放。表演时，舞者头戴蕃帽，脚蹬锦靴，舞姿既雄健迅急，同时又夹杂着柔软潇洒、诙谐有趣的一面。这与北方民族策马扬鞭、放浪于草原的生活方式有着紧密之关系。第98窟（五代）是重阳庆祝舞，描绘了舞者在主人前跳跃的场景。他头戴蕃帽，衣服袖子较一般衣服短小，快速旋转，与诗歌描写的完全一致。第320窟北壁《观无量寿经变乐舞图》中，一位男舞者在画面正中的地毯上跳跃，两旁则是伴奏乐队，分别是：（左）拍板、筚篥、笙、琵琶、竖箜篌；（右）筚篥、横笛、竖笛、排箫。其中，弹拨、打击乐器各2件；胡、俗乐器相互融合。舞者身着胡服，正欲踏舞。其姿态与西安苏思勖墓胡腾舞壁画极为相似。不同的是，苏墓壁画舞者着唐装，完全是胡腾舞在长安城的流行写照。

胡旋舞、胡腾舞作为西域代表性乐舞不仅在敦煌壁画中为人所知，而且在内地墓室壁画、陶瓷图案中也有发现。仔细考察其图案，与唐诗、史料记载出于一辙。其中，早期表演者多为胡人，后期的表演者由唐人替代，成为胡汉融合的舞蹈表演形式。史料有载，西域安国舞蹈家安叱奴因善跳胡腾舞被唐高祖李渊封为"散骑侍郎"的五品官；胡人安禄山，也因善跳胡腾舞和胡旋舞被封为三镇节度使，握有重兵，还被杨贵妃认作干儿子。

4. 迦陵频伽舞

迦陵频伽为鸟身人首的形象，有些持乐器，有些呈舞状。据统计，持乐器的"迦陵频伽"在敦煌壁画中共80余身，此类多出现在主尊佛下方，礼佛乐队的两侧或前方，呈对称排列。迦陵频伽舞最早出现在隋代洞窟，后至唐时期大量出现。它们多为双手合掌弹指起舞，有些搭巾飞跃，有些则是站立或呈飞行状。它们展开长而大的翅膀，翻卷着如云的大尾巴，翩翩起舞。

迦陵频伽作为壁画的装饰有多种形式。其中，有的是只身独影，而有些是表演鸟乐舞，甚至还有些是上下两层的鸟舞伎、鸟乐伎，相互映衬、相互配合。这些特色是盛唐壁画中的一大特点，也是中国佛教壁画的一大特色。

迦陵频伽到底来自何方，今天有不同的说法。有些观点认为，它来自印度，梵语命名为 kalavinka。它是佛国世界的一种神鸟，是故，以其鸣声譬喻佛菩萨之妙音，或谓此鸟是极乐净土之鸟。关于它，《妙法莲华经》卷六、《佛说阿弥陀经》等都有论述。而有些观点认为，迦陵频伽从西域传入，早在古希腊、古埃及的墓葬画像中就有有翼的爱罗神画像。它可能是随犍陀罗派希腊式佛教雕刻传播而来。[2] 有些观点则认为，它是在中国的羽人意识基础上进行加工演变的结果。羽人，也就是中国神话中的神仙，有羽翼能飞，有不死之身。道家常把道士称作羽士，将成仙称为"羽化登升"。有关羽人在《楚辞·远游》《山海经》等著作中早有描述。

在敦煌壁画中的迦陵频伽作为中国佛教西方净土思想的组成因素在唐时期大量出现不是偶然，实际上它是印度紧那罗 [3] 形象、敦煌唐代佛教画工、唐代净土信仰、中原道教人首鸟身形象等东西方多种因素碰撞的结果。一方面，它象征着佛国世界的佛音、佛的化身；另一方面，也承载着中国传统的羽人意识。它时而是人，时而是神，是画家对神灵世界与精神的追求。

三、莫高窟壁画的社会功能及影响力

敦煌莫高窟壁画是宣传佛教的产物，但同时也渗透着各种文化信息和艺术信息。由于它的地理位置特殊，所以成了中原与西域各种文化信息和艺术信息的荟萃之地。敦煌莫高窟壁画所反映出的文化乃至艺术结晶是文化交流的结果，也是各民族在此居住逐渐形成的审美情趣。它伴随洞窟的出现而出现，随洞窟的消失而消失，持续了约 10 个世纪，留下了 45000 多平方米的画面，无论从绘画技法而言，还是从绘画内容而言，都反映着 1000 余年来敦煌在丝绸之路中的精神文明和绘画史的不同高度。

单从绘画而言，它是佛教利用画面扩大社会影响，吸引更多信徒，从而达到宣传之效果。若从艺术的视角来看，它反映了不同时代艺术各种形式与佛教的紧密关系。它们相互照应，对艺术形式的发展产生了非常深远的影响，它主要表现在：其一，把人间最美好的想象赋予在佛国世界中，既包括音乐与舞蹈，也包括空中楼阁，仙乐缭绕的极乐世界及其无忧无虑的生活方式。

其二，从艺术价值来看，敦煌莫高窟壁画保存了大量的历史时代信息，既包括绘画技法、绘画特点、绘画构图和着色，也包括审美情趣的变化及多种艺术元素的发展与融合。其三，敦煌莫高窟壁画对艺术创作而言产生了难以言尽的启发，无论在历史中还是在当下，图案和花纹的设计、音乐与舞蹈的创作，都可从中探寻到启迪与创作的灵感。其四，从音乐发展而言，敦煌莫高窟壁画反映了丝绸之路开通之后东西音乐交流的相融过程，它不仅包括乐队演奏的多样化，而且也展现了许多乐器图像等。这些都是对文献资料的补充，对深入研究音乐发展的不同阶段具有重要的历史意义。

结语

敦煌莫高窟壁画延续时间长且自成体系，是目前世界上少有的宝贵文化遗产。它不仅反映了从北魏到元时期中国绘画艺术的发展及演变，而且也渗透着该时期各种文化信息、各种艺术形式的交融与变化。所以说，它是绘画史，也是艺术史，是丝绸之路上文化交流的见证。其中，经过相互交流后有些艺术形式、乐器与乐舞，对中原艺术的繁荣产生了重大的影响，被中原人接受，成为中华民族艺术中的一分子。它们来源于印度、中亚、波斯，甚至古希腊，但经过文化的借鉴与吸收，以及人的主体意识的选择与接受，逐渐趋向汉化，由西向东，逐渐深入，转化为中国艺术创作大潮中不可分割的一部分。这些是绘画艺术独特魅力影响的结果，也是佛教汉化过程中重要的一个环节。

敦煌莫高窟壁画的重要意义在于：（一）向民众宣传了佛教思想，起到了教化作用。它教导民众明善弃恶，要从烦恼与痛苦中解脱出来。（二）从人生方面，它阐述了佛教所认为的人生现象的本质，指出佛教视角中的解脱人生苦难的途径和人生应当追求的理想世界；从探索人生问题出发，寻求佛教视角中的宇宙的"真实"，形成了"缘起""无常""无我""空"的世界观。这些观点是佛教的宗教理论，也是伦理宗教思想的基础。（三）推动了中国绘画的发展，尤其是颜料的使用、佛教绘画技术与中国传统绘画技法的融合，使佛教绘画在整个中国绘画史进程中成为不可缺少的内容。（四）阐释了佛教音乐的发展轨迹，它包括与之相关的乐器及其使用、乐器组合、乐舞表演及其场景等，这些都给予历史文献资料以补充，大大拓展了中国古代音乐史、中国古代舞蹈史的研究视域。（五）形象地反映出历史进程中的民间习俗、民间风俗、服饰变化、房屋建筑与装饰等。虽然它们是静态的，但却渗透出动态的演变过程，是历史进程中不可缺少的一面。

总而言之，敦煌壁画中涵盖着历史生活的各个方面，从中我们都可以探寻到艺术创作之元素、生活方式与审美情趣的诸多变化。

（曾金寿，西安音乐学院人文学院教授、
西北民族音乐研究中心研究员）

注释

[1]长巾也叫帔帛（又名帔子），是唐朝妇女服装中的主要附件。一般是用轻细的纱罗裁成长巾，有素色、单色，也会根据不同的喜好在上面印染或绣上不同的图案或花纹。穿戴时，长巾披绕在肩背上，两端下垂或随意绕在手臂上，一般会与窄袖衫、半臂、长裙一起搭配。在舞蹈中也常作为"舞巾"使用。

[2]参见高德祥《敦煌古代乐舞》，人民音乐出版社2008年版，第172页。

[3]印度神话中的神祇。有男女之分：男性叫Kinnara，擅长演奏音乐；女性叫Kinnari，相貌端庄，拥有美妙的歌声，擅长舞蹈。紧那罗可以是歌神也可以是乐神，形象通常为半人半鸟。

汉代传入中原的少数民族音乐及其影响

季　伟

　　我国是多民族的统一国家，在几千年的历史发展长河中，逐步形成了多民族融合的多元文化。这些宝贵灿烂的文化是我们中华民族绵延几千年长盛不衰的根本。在其灿烂的文明当中，少数民族为中华文化圈的形成做出了不可磨灭的贡献，其中就包括音乐文化。汉代是我国历史上少有的几个大一统的王朝之一，汉文化博大、雄浑、大气、大美，包容性极强。其中的少数民族音乐文化丰富多彩，为中华民族音乐文化的形成做出了重要的贡献。本文采撷其中的主要部分，稍做述略。

一、音乐交流

　　从文献记载看，汉代中原与各少数民族音乐文化的交流，早在汉高祖时就已经出现。《西京杂记》卷三曾载，汉高祖时宫中至七月七日临百子池，曾作《于阗乐》。[1]《于阗乐》是西域之乐，说明西域之乐已经通过民间渠道传入宫中。

　　从记载看，传入宫中的少数民族音乐有越人的《越人歌》。越人是分布于我国南方的少数民族，其居住在我国岭南一带的广大地区。因其地多水，因此越人喜行船、善舟楫。这种《越人歌》传入内地较早，刘向在《说苑·善说》中就曾记载了先秦时期的越人《越人歌》一首。歌辞曰："滥兮抃草滥予？昌桡泽予？昌州州鳀。州焉乎秦胥胥。缦予乎昭澶秦逾渗。惺随河湖。"[2]
辞意婉约多姿、颇具文采。西汉时期，《越人歌》传至京师，为皇室贵族所喜
爱。张衡在其《西京赋》中曾云："纵《棹歌》，发引和。"[3]《三辅黄图》卷四
引《三辅旧事》亦曰："（汉昆明池）武帝元狩四年穿，池中有龙首船，（武帝）
常令宫女泛舟池中，张凤盖，建华旗，作《棹歌》，杂以鼓吹。"[4]《汉书·元
后传》载："成都侯商尝病，欲避暑，从上借明光宫。后又穿长安城，引内沣
水注第中大陂以行船。立羽盖、张周帷，辑濯越歌。"师古注云："辑与楫同，
濯与棹同，皆所以行船也。令执楫棹人为越歌也……越歌，为越之歌。"从
以上文献记载看，西汉时期南方的少数民族音乐已经进入中原，而且有的已
经进入了西汉宫廷。

汉代传入内地的他族乐曲比较著名的还有《摩诃》《兜勒》和朝鲜的《箜
篌引》。《摩诃》《兜勒》是从西域少数民族传入的乐曲。《乐府诗集》说：
"《横吹》有双角，即胡乐也。汉博望侯张骞入西域，传其法于西京，唯得
《摩诃兜勒》一曲，李延年因胡曲更造新声二十八解，乘舆以为武乐。"[5]由此
可知，传入的《摩诃》《兜勒》为西域的胡乐，并经过李延年的加工改造，成
为汉代著名的《横吹曲》。《箜篌引》是朝鲜人民的作品，相传是朝鲜津卒霍
里子高妻丽玉所作，崔豹《古今注》曾对其创作经过有过记载，箜篌有竖卧
之分，卧箜篌系本土乐器，竖箜篌系胡乐，由西域传入。在朝鲜箜篌被称为
"玄琴"，陈旸《乐书》载："高丽等国，有竖箜篌、卧箜篌之乐。"《箜篌引》
应当是用卧箜篌弹奏的乐曲。从考古发现的辽阳高句丽壁画墓中，也经常可
以见到弹奏卧箜篌的图像，说明卧箜篌从内地传至朝鲜族居住地区后，甚为
流行。这说明，两汉时期，中原与西北和东北的中外各族已有广泛的交流。

西南地区的少数民族音乐传入中原，见于史载的有"滇歌"及筰都夷
的乐诗。据《汉书·司马相如传》载，在其著名的《上林赋》中，便记录
有"文成颠歌"。颜师古注云："颠即滇字也，其音则同耳。"[6]关于筰都夷的
乐诗，《后汉书·南蛮西南夷列传》载："今白狼王唐菆等慕化归义，作诗三
章……远夷之语，辞意难正……有犍为郡掾田恭与之习狎，颇晓其言，臣辄
令讯其风俗，译其辞语。今遣从事史李陵与恭护送诣阙，并上其乐诗。"这说
明，在两汉时期，中原与西南夷各族已有音乐文化交流。

随着域内少数民族及域外各族乐舞不断传入，至东汉时，京都洛阳的乐舞品种已达到极多的地步。班固的《东都赋》对其做了充分的记载，其云："四夷间奏，德广所及，僸佅兜离，罔不具集。"所谓的"僸佅兜离"，毛诗认为是四方少数民族之乐。在《白虎通·礼乐》中这种乐舞被称为"禁眜兜离"。由于是传译之音，故字虽有异，但音同义通，泛指古代少数民族的乐舞，作注的唐代李善也持此观点。

鼓吹乐

鼓吹乐是以击乐器和吹乐器的演奏为主的一种音乐。鼓吹乐传入中原后影响颇大，宫廷上下对其都有不同的使用。对其有记载的文献颇多，其含义也广泛。《乐府诗集》卷十六说："然则黄门鼓吹、短箫铙歌与横吹曲，得通名鼓吹，但所用异耳。"[7] 这说明，其在不同的场合，含义是有差别的。汉代的鼓吹乐因场合的不同，可以分为以下三种：

其一是指汉乐的三品，即"黄门鼓吹"乐。

其二是指短箫铙歌，是振旅献捷之乐，也是黄门鼓吹乐的一个部分。

其三是指用于出行（道路）的鼓吹乐和用于军中的横吹曲。

关于鼓吹，《乐府诗集》卷十六引刘瓛《定军礼》云："鼓吹未知其始也，汉班壹雄朔野而有之矣。鸣笳以和箫声，非八音也。"显然，它的形成有北方少数民族的因素，因为"笳"为胡人乐器，至少曾受到胡乐的影响。《乐府诗集》卷二十一说："有箫笳者为鼓吹……汉武帝时，南越七郡，皆给鼓吹是也。"而以上第三种含义的鼓吹乐，就是在此基础上产生的。鼓吹的产生也较早，《汉书·叙传》云："始皇之末，班壹避地于楼烦，致马牛羊数千群。值汉初定，与民无禁，当孝惠、高后时，以财雄边，出入弋猎，旌旗鼓吹。"陆机《鼓吹赋》云："鼓砰砰以轻投。箫嘈嘈而微吟。"说明鼓吹乐使用的乐器有鼓、铙、排箫等，还配有笳。成都东乡三号汉墓出土画像砖上有出行图像，所见乐器有笳一、排箫二、鼓一、铙一（见图1）。

鼓吹乐发展到一个时期以后，渐渐依所使用的乐器和场合的不同，分为鼓吹与横吹两类。在较早的时候角和笳是在一起使用的，总称为鼓吹：一类是用排箫和笳在行进仪仗中使用，但仍称为鼓吹（仪仗）；另一类是以鼓和角为主要乐器，在马上演奏作为军乐使用的，称为横吹（军乐）。

横吹（军乐）是在西域传入的一种乐曲基础上创作的军乐。《乐府诗集》卷二十一说："《横吹曲》，其始亦谓之鼓吹，马上奏之，盖军中之乐也。北狄诸国皆马上作乐，故自汉已来，北狄乐总归鼓吹署。"[8] 它的起源，据崔豹《古今注》说："《横吹》，胡乐也，张博望入西域，传其法于

图1　汉代出行图像

西京，唯得《摩诃兜勒》一曲，李延年因胡曲更造新声二十八解，乘舆以为武乐。后汉以给边将军，和帝时，万人将军得用之。"在汉代横吹曲已成为军乐。

横吹（军乐）与鼓吹（仪仗）的差别，除了乐曲之外，使用的乐器和使用的场合也有差别。在汉代，鼓吹（仪仗）使用的乐器有鼓、铙、笳、排箫，笳是必备的。而横吹（军乐）使用的乐器主要有鼓、角、横笛，角在后来还成为必备的乐器。据《乐府诗集》卷二十一说："有箫笳者为鼓吹，用之朝会、道路、亦以给赐……有鼓角者为横吹，用之军中。"从记载来看，前者主要用于卤簿出行，以显示荣耀。后者主要用于军旅征战，以壮声威。班超赴西域为将兵长史，假以鼓吹（横吹），魏武北征乌丸，越涉沙漠，也使用横吹："横吹曲有鼓角……魏武北征乌丸，越涉沙漠，军士闻之悲而思归，于是减为半（中）鸣，尤更悲矣。"[9]《三国志·吴书·甘宁传》所言，甘宁与张辽大战，所用的鼓吹，应当也是指横吹而言，"迄今所获汉代考古资料，尚无横吹资料。在南北朝考古资料中，却有零星发现，但多为俑，且残缺不全，难窥所用乐器全貌"[10]。

鼓吹（仪仗）与横吹（军乐），在汉代作为出行的仪仗，已有很高的规格，只有少数特殊的重臣将领方可享用。如《晋中兴书》说："汉武帝时，南平百越，始置交趾、九真、日南、合浦、南海、郁林、苍梧，凡七郡。立交州刺史以统之，以州边远，山粤不宾，宜加威重，七郡皆假以鼓吹。"[11] 郡守

在汉代是二千石高官，这七个边郡太守。因为需"宜加威重"，才假以鼓吹（仪仗），在内郡是不能配置的。在内郡也曾有官员违制而遭到弹劾，如韩延寿为东郡太守，"试骑士，治饰兵车，画龙虎朱爵"，并用"鼓车歌车"[12]，便受到御史大夫萧望之的劾奏。至于横吹，崔豹《古今注》说："《横吹》……乘舆以为武乐。后汉以给边将军，和帝时，万人将军得用之。"看来横吹最初还只是皇帝使用的武乐，到后汉时也只有给边将军，和帝之时还有万人将军能使用。因此班超赴西域，官拜将兵长史也只能"假鼓吹幢麾"[13]。

因此，鼓吹乐的影响已深入汉代宫廷上下，深入政治生活领域。鼓吹乐对于中原的音乐文化影响是巨大的。

二、舞蹈

汉代，对于西域舞蹈的传入，文献虽然缺乏直接详细的记载，但汉高祖时宫中已演奏《于阗乐》，文帝时贾谊曾建议用"胡戏""戎乐"来招待匈奴使者，间接说明西汉已有胡舞。东汉末年灵帝好胡舞，京都贵戚皆竞为之。[14]汉魏时期曹植能"拍袒胡舞《五椎锻》"等文献，及四川出土的"骆驼载乐"与"建鼓舞"的画像砖，则进一步明确证实了胡舞在汉代已传入中原。

从考古所获先秦时期的舞蹈图像资料及文献的记载来看，我国古代舞蹈主要以表现袖、腰、肩等动作为其主要特色。所谓"翘袖折腰"，"表飞毂之长袖，舞细腰以抑扬"[15]，而后世关于西域的舞蹈情态的记载，主要以激越的腾跳和急速的旋转为其特点，如唐代文献及歌诗中关于西域《胡腾舞》和《胡旋舞》等的记述。在《淮南子·修务训》中却出现了这样的记载："今鼓舞者，绕身若环，曾挠摩地，扶旋猗那，动容转曲。"[16]流行于民间的《盘鼓舞》，也已有了"纵轻躯以迅赴，若孤鹄之失群"[17]，"或迟或速，乍止乍旋"[18]等舞姿，这些舞姿均含有激越的腾跳和快速的旋转等动作，已经不单纯是"猗钦娜钦、折腰甩袖"的连卷之态了。这些变化说明，汉族舞蹈已经融入西域舞蹈的成分。

在内地，也有从少数民族传来的舞蹈，其中以《巴渝舞》最为著名。这是在西汉初年传入的。《晋书·乐志》说："汉高祖自蜀汉将定三秦，阆中范因率賨人以从帝，为前锋。及定秦中，封因为阆中侯，复賨人七姓。其俗喜舞，高祖乐其猛锐，数观其舞，后使乐人习之。阆中有渝水，因其所居，故名曰《巴渝舞》。舞曲有《矛渝本歌曲》《安弩渝本歌曲》《安台本歌曲》《行辞本歌曲》，总四篇。其辞既古，莫能晓其句度。"

这种舞蹈有其专门的舞曲，从曲名有"矛"和"弩"，以及该舞的产生过程来看，这是一种执兵器（矛、弩）而舞的舞蹈。传入内地之后，便发展成为宫廷宴会上使用的著名杂舞。汉乐府时时习之，直至哀帝罢乐府，对《巴渝》鼓员三十六人，尚认为"不可罢"交由大乐领属。[19]《巴渝舞》至魏、晋犹存，对我国古代舞蹈艺术的发展产生了较大影响。

少数民族舞蹈艺术与中原的交流，从出土文物中的舞蹈形象也可得到反映。较突出的例子如广西西村出土的汉代玉雕舞人形态，具有相当浓郁的中原风格，无论服饰、舞姿均与中原出土的汉代玉雕舞人相似。云南石寨山古墓出土的大量精美的青铜器及其他地区墓室文物和铜鼓纹饰上的舞人形象，既反映了当地民族的生活习俗、风土人情和文化艺术，同时也展示了中原文化与西南各族文化的相互影响和融合。[20]

三、乐器

汉代，随着各民族文化的交流，少数民族的乐器也逐渐传入中原。就考古资料所见，主要有以下几种。

（一）箛（胡笳）

箛（菰）又称为笳、篍（葭）或胡笳，是从匈奴传入内地的乐器。《宋书·乐一》云："篍，杜挚《笳赋》云：李伯阳入西戎所造。《汉旧注》曰：箛，号曰吹鞭。晋《先蚕仪注》：车驾住，吹小箛；发，吹大箛。箛即篍也。又有胡笳。《汉旧筝笛录》有其曲，不记所出本末。"又云："应劭《汉卤簿图》，唯有骑执箛。箛即笳。"[21]沈约把箛、篍（葭）、笳视为一物。这一乐器是通过与匈奴接触传入中原的，所以也称为"胡笳"。

笳较早的记载见于《答苏武书》："凉秋九月，塞外草衰。夜不能寐，侧耳远听，胡笳互动，牧马悲鸣，吟啸成群，边声四起。"[22]东汉末，蔡琰身没匈奴，赋诗云："胡笳动兮边马鸣，孤雁归兮声嘤嘤。"[23]《胡笳十八拍》认为"胡笳本自出胡中"，可见是匈奴乐器。笳何时传入内地，在西汉元帝时已有记载。《急就篇》卷四"笳，筱。起居课后先"[24]可以为证。传入内地后还成为"骑吹乐"的主要吹奏乐器。

　　对于胡笳，日本学者林谦三在其所著的《东亚乐器考》中曾做了精辟的考证，他认为笳是用芦叶或芦茎做成复簧，装在一个管端的乐器。它可以分为两类：一类是有指孔（即按音孔）的；另一类是无指孔的。这两类都各有长管与短管两种。用于号令方面的是无指孔的，用于乐舞方面的是有指孔的。

　　用于号令如上引《急就篇》，颜注："笳，吹鞭也；筱，吹筒也。起居，谓晨起、夜卧及休食时也。言督作之司，吹鞭及竹筒，为起居之节度，又校其程课。先者免罚，后者惩责也。"这是指督作之司吹笳作为服役之人晨起、夜卧及休食、役作进程的号令。

　　晋《先蚕仪注》载："车驾住，吹小笳；发，吹大笳。"这是晋代皇后行先蚕仪时卤簿用笳作为车驾行止的号令。晋代礼仪多袭汉代。汉代也应当如此。山东嘉祥县武氏祠石刻出行图中，祠堂主人车驾之前，有步行佐吏二人，一左一右。每人左、右手各执一管，右手管管端置于唇部做吹状，左手管置左肩上。类似的图像在山东还有多幅。

　　据记载，汉代乐队已经有笳，而且还是吹奏"骑吹曲"的主要乐器，且在卤簿中已使用，如《初学记·乐部》引应劭《汉官仪》云"骑执笳"[25]，西汉乐府中便有"骑吹鼓员三人"[26]的编制也可以证明。"骑吹曲"是出行卤簿演奏的一种鼓吹乐。笳在汉代还有专门的乐曲。《宋书·乐一》说"《汉旧笮笛录》有其曲"可以为证。

　　汉代，笳除了用于号令之外，也用于奏乐。张衡《西京赋》云："发引和，校鸣葭。奏《淮南》、度《阳阿》。"这是乐队用葭（即笳）的明证。魏杜挚《笳赋》云："操笳扬清，吹冬角，动南徵，清羽发，浊商起，刚柔待用，五音迭进。"晋孙楚《笳赋》亦云："奏《胡马之悲思》，咏《北狄之遐征》……音引代起，叩角动商，鸣羽发徵。"以上都说明乐队使用的笳是能吹奏音乐的，而且五音俱备。

因此，筑（筎）、筎、篌（莇）或胡筎，由西域传入中原后在汉代音乐中的作用和影响是较大的。

（二）胡笛（横笛）

胡笛也是在汉代由匈奴传入内地的一种乐器。《后汉书·五行志》说："灵帝好胡服、胡帐、胡床、胡坐、胡饭、胡箜篌、胡笛、胡舞，京都贵戚皆竟为之。"因其源于西域为横吹，不同于中原原有的笛子，故本文也称其为胡笛。胡笛传入内地，大概也在公元前1世纪末汉武帝时开始的，可能与张骞从西域传入吹笛的经验和曲调有关系。在东汉后期，胡笛在中原地区已是一种流行的外来乐器。

东汉后期汉灵帝好胡笛，从此胡笛在中原地区流行，并对我国古代的横吹单管乐器产生了深远和重大的影响。此后华夏系统的竹笛和篪也采用了同样的排孔（即吹孔与按音孔在同一平面）方式和"对握"吹奏法，并把这两种乐器也称为胡笛（横笛）和胡篪，把这种"对握"吹奏法及用这种方法吹奏的乐器称为"胡吹"。《宋书·乐志》云："今有胡篪，出于胡吹，非雅器也。"[27] 杜佑《通典》卷一四四云："今有胡吹，非雅器也。"[28] 可见这些乐器都不是吹奏雅乐时使用的乐器。胡笛也称为"横笛"，《通典》卷一四四引《胡吹歌》云："快马不须鞭，拗折杨柳枝，下马吹横笛，愁杀路旁儿。"可见胡笛就是"横笛"。横笛是吹奏"横吹曲"的主要乐器。邓州市发掘的一座南朝时期的画像砖墓，出土的一块横吹画像砖图中吹奏的乐器便有横笛，其吹奏方法便是"对握"，与徐州土山东汉墓画像石上所见吹奏单管乐器的方式相同。

可以说自东汉末年以后，我国古代的横吹单管乐器已经逐渐胡化了。属于华夏系统的竹笛和篪除了在雅乐中还有所应用以外，在俗乐中已难见得到了。这从东汉末年以后的考古文物资料中也可以得到验证。

（三）胡箜篌（竖箜篌）

汉代随着西域交通的开辟，从丝绸之路由波斯经西域传入一种竖头箜篌。

《隋书·音乐志》云："今曲项琵琶、竖头箜篌之徒，并出自西域，非华夏旧器。"唐杜佑《通典·乐四》说："竖箜篌，胡乐也，汉灵帝好之。体曲而长，二十二弦，竖抱于怀中，用两手齐奏，俗谓之擘箜篌。"竖箜篌在汉代称为胡箜篌，《后汉书·五行志》云："灵帝好胡服、胡帐、胡床、胡坐、胡饭、胡箜篌、胡笛、胡舞，京都贵戚皆竞为之，此服妖也。"胡箜篌的传入必在灵帝之前，灵帝时期已经逐渐流行并成为汉代俗乐中的一种重要乐器。

竖箜篌的形制与汉武帝时乐人侯调所造的卧箜篌有显著差别，竖箜篌有一个如弓形的曲体共鸣腔（槽），下部有肘木，张有二十二弦。这种乐器在嘉峪关三号魏晋墓壁画、龙门石窟万佛洞北壁乐伎塑像及敦煌唐宋时期的石窟壁画和前蜀王建墓内石刻伎乐中都可以见到。另外还有新疆和田（古于阗）所出的乐俑，这些竖箜篌的形制与亚述浮雕上所见竖箜篌的形制相同。因此，学者们认为这种乐器应是从西方传入的。

竖箜篌的演奏方法可以竖抱于怀中，两手齐奏，一种较小型的竖箜篌，还可以一手托着箜篌，用另一手弹奏，姿势略有差异。这种竖箜篌传入内地后，到汉灵帝时，因皇帝爱好，致使"京都贵戚皆竞为之"，成为风靡京都上层社会的乐器。迄今发现汉代的乐舞图像资料已相当丰富，类似"体曲而长"的乐器图像在汉画像石中，确有所见，如南阳市出土的一块东汉后期伎乐画像石（见图2）。其中左起第三、四人，该书释为"皆举右手于额际"[29]。此二人在乐伎行列中，为奏乐的乐伎应无疑问。而所谓"右手"实乃体曲而弯若弓形的一种乐器。

有学者认为，先秦两汉时期，这种"体曲而长"若弓形的乐器，只有竖

图 2　伎乐画像石

箜篌一种。认为这是迄今所见我国最早的一幅竖箜篌图像，因为南阳地近京都洛阳，号称"南都"，又是"帝乡"，皇亲国戚、功臣名将很多。把京都贵戚爱好的竖箜篌引入这里是完全可能的。它的发现证实了《后汉书·五行志》的有关记载。[30]

根据研究，波斯的竖箜篌和东晋时期传入我国的凤首箜篌都是由远古时期的猎弓演进而来的，远古时期人们利用弓弦能发音的原理，制成了弓形竖琴，最初还保持着猎弓的原形。后来弧形的弓逐渐变成直角形，最后才有三角形的弓形竖琴产生。它传入印度，便成为凤首箜篌的前身；另外有的将弓形竖琴中弓的下部系弦的一边，插入另一边的中部，好像乐弓中新插入的系弦装置（今称"肘木"）。这便是角形竖琴，也就是我国隋唐时期使用颇广的竖箜篌。[31]细观南阳画像石中竖箜篌图像，还是属于较早期的弓形竖箜篌（弓形竖琴）的形制。林谦三在《东亚乐器考》一书中，谈到乐器的传播情况时说："萨克斯博士着眼于同类乐器是怎样分布的，由于其分布的情况，掌握到了一个原理，就是：一种精神的以及物质的文化遗产，常是去其母体文化的中心愈远，就愈益古。"[32]这种情况犹如以石投水，越早泛起的波纹总是在越外圈，也总是越先传播到远方。南阳汉画像石出现这种较早期的弓形竖箜篌，正体现了这一原理。

竖箜篌弦数较多，可以分为多组，不仅能演奏旋律，也可奏出和弦。其在独奏、伴奏等表现力方面都比其他乐器更加优越，能更好地表达情感。隋唐时期是竖箜篌最兴盛的时期。竖箜篌在九十余部乐中的西凉、高昌、龟兹、安国、疏勒、高丽等乐中都有所使用，对中原音乐的影响颇大。

（季伟，南阳师范学院教授）

注释

［1］参见（晋）葛洪撰，周天游校注《西京杂记》，三秦出版社 2006 年版，第 146 页。

［2］（汉）刘向撰，向宗鲁校证：《说苑校证》，中华书局 1987 年版，第 278 页。

［3］费振刚、胡双宝、宗明华辑校：《全汉赋》，北京大学出版社 1993 年版，第 419 页。

［4］何清谷：《三辅黄图校释》，中华书局 2005 年版，第 250 页。

［5］（宋）郭茂倩：《乐府诗集》卷二十一，中华书局 1979 年版，第 309 页。

［6］《汉书·司马相如传》。

［7］（宋）郭茂倩：《乐府诗集》卷十六，中华书局 1979 年版，第 224 页。

［8］（宋）郭茂倩：《乐府诗集》卷二十一，中华书局 1979 年版，第 309 页。

［9］吴兢：《乐府古题要解》卷上。

［10］萧亢达：《汉代乐舞百戏艺术研究》，文物出版社 1991 年版，第 252 页。

［11］《北堂书钞》卷一三〇引。

［12］《汉书·韩延寿传》。

［13］《后汉书·班超传》。

［14］参见《后汉书·五行志》。

［15］费振刚、胡双宝、宗明华辑校：《全汉赋》，北京大学出版社 1993 年版，第 305 页。

［16］何宁撰：《淮南子集释》，中华书局 1998 年版，第 1367 页。

［17］费振刚、胡双宝、宗明华辑校：《全汉赋》，北京大学出版社 1993 年版，第 559 页。

［18］（清）严可均校辑：《全上古三代秦汉三国六朝文》卷三十，中华书局 1958 年版，第 1223 页。

［19］参见《汉书·礼乐志》。

［20］参见王克芬《中国舞蹈发展史》，上海人民出版社 2004 年版，第 99 页。

［21］《宋书·乐一》。

［22］《艺文类聚》卷三〇。

［23］《艺文类聚》卷四四引《蔡琰别传》。

［24］（汉）史游著，曾仲珊校点：《急就篇》，岳麓书社 1989 年版，第 307 页。

［25］《宋书·乐一》。

［26］《汉书·礼乐志》。

［27］《宋书·乐志》。

［28］（唐）杜佑：《通典·乐四》卷一四四，中华书局 1988 年版，第 3682 页。

［29］南阳汉代画象石编辑委员会编：《南阳汉代画像石》，文物出版社 1985 年版。

［30］参见萧亢达《汉代乐舞百戏艺术研究》，文物出版社 1991 年版，第 186 页。

［31］参见李德真《古乐奇葩——箜篌》，《中国音乐》1983 年第 3 期。

［32］［日］林谦三：《东亚乐器考》，钱稻孙译，人民音乐出版社 1996 年版，第 9 页。

从"秦汉子"看十六国时期河西地区文化涵化的历史因素

张晓东

古代丝绸之路所组成的亚欧交流通道，使得中、西方在诸多层面的交流日益繁盛。其在经济与文化方面发挥的作用一直延续至今。自汉武帝时期，大量的来自中亚、西亚等地的文化样态经由丝绸之路逐渐进入中国。无论是作为商业活动的娱乐附属需要，还是伴随着宗教的传播，外来的音乐体裁、乐器、乐人等都与中国所固有的音乐从碰撞发展到融合，自隋唐时期达到一个制高点。而唐代之后，同外来传入的乐器琵琶一样，诸多的音乐体裁与理论，在"新"的文化环境中不断嬗变，经过"中国化"的过程，演变成为具有中国属性的乐器、理论等。

不同背景文化之间的融合并不是一蹴而就的，势必会经历一个碰撞、鼎立与融合的过程。其中还会受到时间、地域与社会制度等方面的影响，在历史发生中经历选择。这种文化之间的流变与融合，被人类学家称为"文化涵化"（acculturation）[1]。实际上，无论是作为"摄取""本土化"来看待，还是作为带有一定偏见性的"侵略性"或"强势文化吞并弱势文化"解读，这种文化之间的流变从来就不是单向的，以发生的时间与地域为主要因素的历史演变，很大程度上决定了其发展的结果。

这样的例子不胜枚举，在古代丝绸之路上，汉王朝曾两次与乌孙和亲，公元前108年与公元前104年左右汉武帝先后将其宗室江都王刘建之女刘细君与罪臣楚王之后解忧公主嫁给当时的乌孙昆弥。而解忧公主的次子万年及女儿弟史都曾被送回中原学习汉人文化。《汉书》载："宣帝时，乌孙公主小子万年，莎车王爱之。莎车王无子，死，死时万年在汉"[2]及"时乌孙公主遣女来至京师学鼓琴"[3]。解忧公主之女弟史之后嫁给龟兹王绛宾，两人在公元前65年曾一同朝觐过汉朝天子，这次朝觐大大促进了两国之间的音乐文化交流。《汉书》载："元康元年，遂来朝贺。王及夫人皆赐印绶。夫人号称公主，赐以车骑旗鼓，歌吹数十人，绮绣杂缯琦珍凡数千万。"[4]在上述两则历史文献中可以捕捉到的"琴"与"鼓吹"两个有效信息，同时也是这一时期中国固有的乐器与音乐体裁向外传播的例证。而在文化接受层面，《汉书·西域传》有载龟兹王绛宾将其在中原地区所学习到的一系列制度，归国后实施的情况："后数来朝贺，乐汉衣服制度，归其国，治宫室，作檄道周卫，出入传呼，撞钟鼓，如汉家仪。外国胡人皆曰：'驴非驴，马非马，若龟兹王，所谓骡也。'绛宾死，其子丞德自谓汉外孙，成、哀帝时往来尤数，汉遇之亦甚亲密。"[5]也就是说，由于文化背景的不同，文化涵化的基础与需要的不具备，所以在接受的程度上似乎存在一定的困难，这一现象在文化碰撞的早期是一种合情合理的且难以避免的现象。但同时也反映出，只有在符合历史背景与地域等综合因素条件的情况下，"文化涵化"才能嬗变为文化融合的繁盛样态。古代丝绸之路上的种种与音乐相关的事物，在流动的过程中，分别在不同的地域有不同的表现和变化，在古代君王制度体系下，会很大程度上受制于当时的时代政治、经济基础。从具体的历史文献出发，以时间与地域两条轴线来分析，可以窥探这种历史发生的规律与文化涵化的必然。

隋代建立的部伎乐，可以较为明显地反映出不同历史文化背景下的音乐形式与乐器交流融合的问题。这种音乐文化的交流直接导致了新的音乐风格的诞生。隋朝初年，宫廷在置七部乐伎之时，将西凉乐作为一部设置。对于西凉乐的解释，见《隋书》载：《西凉》者，起苻氏之末，吕光、沮渠蒙逊等，据有凉州，变龟兹声为之，号为秦汉伎。魏太武既平河西得之，谓之《西凉乐》。至魏、周之际，遂谓之《国伎》。"[6]根据这条记载可以看出，西凉乐与苻坚、吕光、沮渠蒙逊及其政权与上述地域是有着莫大关系的，是将龟兹乐变化以后产生的。后世《旧唐书》在记载西凉乐的时候，将其组成部分的内容叙述得很详细，其载："其乐具有钟磬，盖凉人所传中国旧乐，而杂以羌胡之声也。"[7] 所谓的钟、磬是中国历史上一直使用的乐器，而所杂糅的"羌胡之声"，《隋书》早已记载，体现在乐器方面，其所用的曲项琵琶、竖箜篌都不是中国固有的乐器。需要注意的是，西凉乐与其别称"秦汉"两者之间的关系。西凉乐，显然是以地域名称来命名的部伎乐，这符合隋唐部伎乐多部的命名传统。而"秦汉"二字指代的又是什么？

对于"秦汉"二字在这一时期的部伎乐中的记载，还存在于另外一部清乐中。《隋书》载："《清乐》其始即《清商三调》是也，并汉来旧曲。乐器形制，并歌章古辞，与魏三祖所作者，皆被于史籍。属晋朝迁播，夷羯窃据，其音分散。符永固平张氏，始于凉州得之。宋武平关中，因而入南，不复存于内地。及平陈后获之。高祖听之，善其节奏，曰：'此华夏正声也。'"[8] 该文献所记载的是清乐的流传路线问题，认为清乐是汉魏时期的旧歌，由于战乱流落四方。符坚打败前凉之后，在凉州获得，后流传于南朝，隋朝灭陈朝以后获得，隋文帝认为这是"华夏正声"。而杜佑《通典》在记载清乐所使用的乐器时，有"秦琵琶""秦汉子"乐器的文献记载。《通典》载："今清乐奏琵琶，俗谓之'秦汉子'，圆体修颈而小，疑是弦鼗之遗制。傅玄云：'体圆柄直，柱有十二。'其他皆充上锐下，曲项，形制稍大，本出胡中，俗传是汉制。兼似两制者，谓之'秦汉'，盖谓通用秦、汉之法……阮咸，亦秦琵琶也，而项长过于今制，列十有三柱。"[9] 在这段文献记载中，将"秦汉"一词拆分开来，讲"通用秦、汉之法"。这种被称为"秦汉子"的乐器，根据记载确实只在清乐中使用。如果这种乐器确实是汉魏时期使用在清商乐中的话，根据该时期清商乐使用的其他乐器种类来看，并未有使用外来乐器的记载，推断其应当是中国固有的乐器阮咸。那么在隋代清乐中使用的这一件编制的乐器是否就是阮咸呢？

西凉伎和清乐伎都提到了"秦汉"二字。对于"秦汉子"，《通典》记载为"兼似两制者"，那么，兼似哪两制？根据前文判断，一种解读方法是，将"体圆柄直""曲项"这两个描述均视为对秦汉子的外形描述。如果这样理解的话，前者是阮咸的典型描述用语，后者是曲项琵琶的典型描述用语。因为通常阮咸乐器的"琴杆"部分是直接被称为"柄"的。也就是说，阮咸的柄与琴箱之间是不存在一个过渡弧线而一体化的（见图1）[10]。这种一体化的连接应为外传而来的"梨形"琵琶的特征。《通典》中秦汉子"修颈"的描写却说明了这一连接部分的存在。将两者记录于同一件乐器词条下，应该说明其外形是阮咸与曲项琵琶的结合体。另外一种解读，就是将"曲项"视为一件独立的乐器，单指曲项琵琶。那么就涉及"本出胡中，俗传是汉制"的问题了。实际上，无论是哪一种解读，都涉及一个问题，就是"胡乐器"与中国固有乐器的问题。如果将西凉乐（秦汉伎）杂糅了中国旧声与羌胡因素与清乐的秦汉子外形共同考虑的话，"兼似两制者，谓之'秦汉'"中的"两制"就只有"胡中"和"汉制"这种可能了。也就是说，秦汉子与西凉乐一样，是一种胡文化背景与中国文化背景下的结合产物，"秦"和"汉"分别指代这两种不同的文化。

图1　酒泉果园乡西沟村魏晋7号墓砖画

那么，与"汉"相比较，为什么会用"秦"指代"胡中"呢？通过历史文献考证有如下解法：其一，如果追溯到先秦时期，据《史记》载："周宣王乃召庄公昆弟五人，与兵七千人，使伐西戎，破之。于是复予秦仲后，及其先大骆地犬丘并有之，为西垂大夫。"[11]作为诸侯国的秦的统治范围确实达到了今天水一带。但是这件事情发生在公元前821年，距离过于久远。而秦国确实后来有统一中国，所以用"秦"来指代"胡中"是不合理的。其二，因为阮咸乐器有两种不同的起源说：一种是汉时乌孙远嫁皇家敕造说，另外一种是秦末弦鼗说。《宋书》载："琵琶，傅玄《琵琶赋》曰：'汉遣乌孙公主嫁昆弥，念其行道思慕，故使工人裁筝、筑，为马上之乐。欲从方俗语，故名曰琵琶，取其易传于外国也。'《风俗通》云：'以手琵琶，因以为名。'杜挚云：'长城之役，弦鼗而鼓之。'并未详孰实。其器不列四厢。"[12]对照此条目来看，《宋书》这一段记载所呈现的琵琶乐器，应为中国所固有的乐器。只是因为西晋傅玄、东汉的应劭与三国时期的杜挚所提出的起源有所不同，所以为这种乐器带来了两种不同的起源说。如果"秦汉"二字是做这种解释的话，通用之法就是指这件乐器自秦至汉一脉相承，那么这两者的胡汉之分又在哪里？其三，还有一种可能，就是干脆使用"秦汉"来指代中原地区的文化属性，也就是强调这是一件中原乐器。但是，综观这一时期历史文献中的秦汉二字连用，其指代的只是朝代，并没有上升到文化的意识形态。如《晋书》载："考夏后之遗训，综殷周之典艺，采秦汉之旧仪，定元正之嘉会。"[13]又见"是时承用秦汉旧律，其文起自魏文侯师李悝"[14]，除此之外，也没有指代两种文化的用法。

所以，是不是还有这样一种可能。既然清乐条目下记载有："苻永固平张氏，始于凉州得之。"[15]西凉乐条目下记载有：《西凉》者，起苻氏之末。"两份历史文献词条均提到了一个人物——苻坚。晋书对于苻坚的记载："以升平元年僭称大秦天王，诛生佞幸臣董龙、赵韶等二十余人，赦其境内，改元曰永兴。"[16]苻坚祖上的略阳郡临渭县时属"秦州"辖区。"苻洪，字广世，略阳临渭氐人也。其先盖有扈之苗裔，世为西戎酋长。"[17]通过《晋书》对其祖辈苻洪的记载可以得知，苻坚本人出身"氐胡"。从其建立政权之后的施政来看，他本人非常重视汉家的规章礼仪，在文化态度上十分倾向、强调固有传承。这样的话，苻坚所建立的政权名称为"秦"，祖上出生在"秦州"，而其本人又是"氐胡"，前文"兼似两制者"中"秦汉"二字的"秦"字，如果指代"前秦"的话，就可以解释"本出胡中"，"俗传是汉制"了。中原的阮咸乐器伴随着清商乐与西域的曲项琵琶，伴随着胡乐在凉州这个地方经过时间的演变，发展出一种新的乐器，即"秦汉子"，也就是"秦琵琶"。通过查阅古代壁画资料，这一点在河西地区的壁画图像上也可以得到呼应。

在嘉峪关出土的魏晋3号墓，其壁画编号 M3：051 图中，画面为两乐师，一人演奏秦汉子，另一人演奏竖吹管乐（见图2）[18]。这里的秦汉子形制是明显有一个"修颈"存在的，整体的大小对照典型的曲项琵琶又显示出《通典》中记载的较小的样态。而6号墓，编号 M6：0117 图中，画面同样

图 2　嘉峪关魏晋 3 号墓砖画

图 3　嘉峪关魏晋 6 号墓砖画

为一人奏阮咸，另一乐器被认定为"九节尺八"（见图 3）[19]这张砖画像中的抱弹乐器琴体呈圆形，且与柄之间并无过渡的弧线，是较为明显的"盘圆柄直"的阮咸乐器。这与图 1 酒泉果园乡西沟村魏晋 7 号墓中，一人演奏卧箜篌、另一人演奏阮咸的造型是一致的。而同一历史时期的酒泉丁家闸 5 号墓壁画乐器（见图 4）[20]，则呈现出《通典》中记载的秦汉子的造型。尽管壁画造像会在一定程度上存在画师艺术加工的可能，但是在图像学加以文献资料的对照的情况下，至少可以从一个角度说明，在这一时期，无论是历史文献还是图像壁画，我们都可以看到在河西地区存在着形制相近，但又不同的两件抱弹乐器。在该地区相应时代的墓葬，甚至同一个墓葬壁画中出现的，很大可能是中国固有的盘圆柄直的阮咸乐器和将曲项琵琶与阮咸相结合的"秦汉子"乐器。[21]

从上文关于秦汉子的形制、名称分析及西凉乐所体现的音乐风格杂糅，乃至河西地区独特的胡俗共存文化现象和生产生活模式上，均可以很明显地体现出河西地区的政权对外来文化和势力都展现出不同程度的开放态度。除了乐器与音乐体裁，在今天甘肃酒泉丁家闸出土的十六国古墓壁画和嘉峪关魏晋古墓中的壁画对于该段时期的此地区人们生产生活中的音乐艺术形式的描绘，也与历史文献记载有着高度的吻合性。如酒泉丁家闸壁画中所绘的奏乐图。图的上半部分是一个混合有胡乐器与中国固有乐器的乐队演奏场景，图的下半部分则主要是来自西域杂耍的百戏[22]（见图5）[23]。这种文化涵化的产生、胡汉杂糅模式的建立对于胡乐器的东传而至后世的南北朝及隋唐时期，有着深远的影响。后世政权，无论处在何种形式，或出于何种的政治文化原因，至少在对外来文化和势力的接受问题上，一直都保持高度的重视态度。事实上，在河西地区这种历史现象的发生，很大程度上是

图 4　酒泉丁家闸 5 号墓壁画奏乐图（局部）

图 5　酒泉丁家闸 5 号墓壁画奏乐图

有着其地理、交通、人文、朝代的君主施政与地域经济等历史原因的。

在中国古代历史的不同时期，"河西"所指代的区域是有所不同的。约在西汉中期，河西四郡建立，其所包含的地理位置逐渐趋于稳定，主要是指东起乌鞘岭，西至疏勒河，今天甘肃省酒泉、张掖、武威等地。历史上因其大部分地区位于黄河以西，所以得名，后因其地理形状较为狭窄，也被称为河西走廊。由于其所处在丝绸之路通往中原的重要通道上，所以历来为兵家必争之地。在这一意义上的河西见于《史记·卫将军骠骑列传第五十一》，其载："最骠骑将军去病，凡六出击匈奴，其四出以将军，斩捕首虏十一万余级。及浑邪王以众降数万，遂开河西酒泉之地，西方益少胡寇。四益封，凡万五千一百户。其校吏有功为侯者凡六人，而后为将军二人。"[24]也就是说，在霍去病击败匈奴之后，汉王朝政权就已经在河西地区经营了。

汉王朝曾在河西地区设立河西四郡，即武威、张掖、酒泉、敦煌四郡。充沛的水力资源保证了该地区农业屯田的先天可能。《汉书》载武威郡有："姑臧，南山，谷水所出，北至武威入海，行七百九十里。"[25]张掖郡有："羌谷水出羌中，东北至居延入海，过郡二，行二千一百里。"[26]酒泉郡有："禄福，呼蚕水出南羌中，东北至会水入羌谷。"[27]敦煌郡有："南籍端水出南羌中，西北入其泽，溉民田。"[28]水源不仅可以保证农业的发展，而且也适合畜牧业的发展。所以河西地区不仅可以施行中原农业耕作的劳动模式，也可以发展胡人的牧业，可见该地区可以同时满足两类生活劳作方式的胡人与中原人士的生活条件。且河西地区矿产丰富，除了可以满足自身需要之外，还为贸易活动提供了基础。

另外，河西地区四通八达的交通为其提供了成为胡文化与中原文化交集地区的便利。其向东直通关中，向西可直通西域，南向青海，北达蒙古。也就是说，因为其是丝绸之路上的重要咽喉地带，来自中原的文化与西域的文化在这个地方就有可能形成一种共存和交融的态势。具体至相关音乐方面，其不但是秦汉子与西凉乐产生的重要条件，而且在前凉时代与西域的交流中有了相关天竺音乐的记载。《隋书》载："《天竺》者，起自张重华据有凉州，重四译来贡男伎。"[29]也就是说，在当时的凉州地区，有经过四道翻译才进贡而来的天竺乐人。当时及后世记载隋代部伎乐所使用的外来乐器有曲项琵琶、五弦琵琶、凤首箜篌等弹拨乐器。因为前凉张重华和北凉沮渠蒙逊几乎生活在一个时代，所以敦煌壁画石窟上在北凉时期开始出现五弦琵琶就可以得到解释了。

元康元年（291）飘摇欲坠的西晋爆发了八王之乱，这场暴乱持续了将近16年，彻底摧毁了西晋政权。伴随着八王之乱的战事，西晋末年天灾横行，严重地影响了人民的生产生活。尤其是北方人民或迫于生计，或为避难，更有甚者为当时统治者所强迫，出现了大规模的人口流动。这也是魏晋至南北朝时期社会不稳定的一个具体表现和原因之一。而避难的流离方向主要有三个，即西北、南方与东北。而这三个方向正是日后王朝更迭的主要所在地。西北归于前凉，南方为日后南朝的建立奠定基础，东北则归于鲜卑。[30] 这其实在一定程度上也反映出后世南北朝至隋唐间的文化流动，即以河西走廊地区政权为主的外来文化与中国固有文化的交集和南北方文化的交互，成为不同文化背景胡汉共存的人文基础。

在经济方面，自曹魏时期开始，西域与中原的经济交往大致可分为两类情况：一类是沿着丝绸之路直接去中原都城交易的商贩；另一类是到达敦煌交易的商贩。[31] 见《三国志》载："林恐所遣或非真的，权取疏属贾胡，因通使命，利得印绶，而道路护送，所损滋多。"[32] 又见《三国志》载："太和中，迁敦煌太守。郡在西陲……又常日西域杂胡欲来贡献，而诸豪族多逆断绝……欲诣洛者，为封过所，欲从郡还者，官为平取，辄以府见物与共交市，使吏民护送道路，由是民夷翕然称其德惠。"[33] 这其实在一定程度上促进了河西走廊的经济兴盛，为其文化的发展奠定了基础。不仅仅是曹魏，该时期蜀汉也在积极地笼络河西羌部。现藏于故宫博物院的三国时期的青釉堆塑谷仓罐，罐上有塑胡人奏阮咸图，就是一则实证。

在政治文化方面，西晋之后，雄踞河西的前凉张氏政权扼守着丝绸之路的重镇。其与经由此路传至中原的经贸与文化有着最直接的接触。其控制高昌，讨伐龟兹与鄯善，势力范围在西域地区不断地扩大。对于张轨其人，《晋书》载："张轨，字士彦，安定乌氏人，汉常山景王耳十七代孙也。家世孝廉，以儒学显。"[34] 可见，张轨是深受中原传统儒家文化影响的。其在凉州一系列的施政举措也可以说明这个问题。《晋书》载："征九郡胄子五百人，立学校，始置崇文祭酒，位视别驾，春秋行乡射之礼。"[35] 在他当政的时间里，在凉州地区推行中原汉家政策，十分重视教化治理。且因河西地理位置，西域诸国与其均有一定的联系。《晋书》载："西域诸国献汗血马、火浣布、犛牛、孔雀、巨象及诸珍异二百余品。"[36] 又见《晋书》载："又使其将杨宣率众越流沙，伐龟兹、鄯善，于是西域并降。鄯善王元孟献女，号曰美人，立宾遐观以处之。焉耆前部、于阗王并遣使贡方物。得玉玺于河，其文曰'执万国，建无极'。"[37] 所以，张氏前凉政权实际上在很多方面就勾连起中原与西域诸国的联系。公元 357 年，氐人苻坚称皇帝，国号秦，史称前秦。公元 376 年，篡位成功的苻坚兴兵灭前凉张氏。进而在公元 383 年，苻坚派吕光在鄯善、车师的导引下西征龟兹。《晋书》载："西戎荒俗，非礼义之邦。羁縻之道，服而赦之，示以中国之威，导以王化之法，勿极武穷兵，过深残掠。"[38] 这段话是在苻坚送吕光出征时所嘱托的，一方面显示出苻坚在治国之道上的理念；另一方面其以氐人之身份言"中国之威"与"王化之法"，可见其在心理上就已经以中原文化的持有者自居了。又有史书记载，吕光在西域征服龟兹之后，曾与鸠摩罗什有一段对话，其内容涉及战胜去留之问题。在鸠摩罗什的劝说下，吕光携带了大量的珍宝与伎人东还，《晋书》载："以驼二万余头致外国珍宝及奇伎异戏、殊禽怪兽千有余品，骏马万余匹。"[39] 这是在战争的前提下所引发的文化流动。正是这些"奇伎异戏"被后世历史书写者认为是隋唐部伎乐中龟兹一部的来源。《隋书》载："《龟兹》者，起自吕光灭龟兹，因得其声。"[40] 这里可以看出，无论是西凉乐还是龟兹乐，都与前秦和北凉有着密切相关的联系。也正是统治政权的这种倾向性的施政态度，才能使汉代以来的中原文化在河西地区发展，成为秦汉子与西凉乐产生的根本保障。

实际上，通过上文可以知道，龟兹与中原交集已久，其音乐形式及乐器的传入一定是早于这一时期的。而西凉乐的形成却与这两朝在河西地区的经营有着密切的关系。河西地区作为丝绸之路上的交通枢纽，同时受到来自东、西双向流动的文化的交互影响。在上文所提及的前凉与前秦基础上，还包括公元 386 年吕光建立的后凉政权与公元 401 年沮渠蒙逊建立的北凉政权。在河西地区建立政权的张轨、苻坚、沮渠蒙逊都是深受汉文化影响的领导者，由于地域所制、施政需要，他们在治理国家时不得不面对的是中原汉文化、外传而来西域诸国的胡文化的影响。从历史发展来看，施政者的身份背景在兼顾两种历史现实的原则下，各个政权在不同程度上均对中原文化展现出充分的文化信任，不仅在文化制度上向中原制度靠拢，在经济、军事等各个层面都吸取经验。对于这一点，陈寅恪先生在其《隋唐制度渊源略论稿》中说："秦凉诸州西北一隅之地，其文化上续汉、魏、西晋之学风，下开（北）魏、（北）齐、隋、唐之制度，承前启后，继绝扶衰，五百年间延绵一脉。"[41] 可见其施政影响不仅仅对当世有着重要的凝聚作用，于后世的隋唐制度也存在着一定的影响。

丝绸之路上的河西地区，其历史上不仅在军事、交通、政治等方面有着重要的地位，在汉唐时期还担任着重要的戍边重任，而且，在文化交流、宗教传播等诸多层面也有着重要的意义。河西地区的文化涵化是在魏晋之后十六国时期这种特定的以历史时代作为背景的，在农牧皆宜的地理条件、丝路经济贸易基础、十六国政权的开放施政等诸多的因素作用下，使其产生了融合汉文化背景与胡文化背景的西凉乐、秦汉子等该地区特殊的音乐体裁、风格与乐器。这种文化涵化的发生，一方面得益于在文化的交流与传播中，河西地区扮演着重要的交通枢纽角色；另一方面，对于两种不同文化与音乐形式的涵化，河西地区还有着一个过渡缓冲的作用。也就是说，在外来音乐文化传入中原之前，在河西地区会有一个中间流传地带，使其碰撞有一个渐进的过程。这种由于涵化融合态势所引发的新艺术形式乃至乐器的诞生，在历史的发展过程中有积极的作用。这也是后世隋唐发展至多元音乐文化鼎盛时期，成为当时东亚汉文化圈核心，并向周边地域进行文化辐射的前期积淀。

（张晓东，上海大学音乐学院教师）

注释

［1］参见金炳华等编《哲学大辞典》（修订本），上海辞书出版社 2001 年版，第 1534 页。

［2］（汉）班固撰，颜师古注：《汉书·西域传第六十六上》，中华书局 1962 年版，第 3897 页。

［3］（汉）班固撰，颜师古注：《汉书·西域传第六十六下》，中华书局 1962 年版，第 3916 页。

［4］（汉）班固撰，颜师古注：《汉书·西域传第六十六下》，中华书局 1962 年版，第 3916 页。

［5］（汉）班固撰，颜师古注：《汉书·西域传第六十六下》，中华书局 1962 年版，第 3916 页。

［6］（唐）魏徵等撰：《隋书·志第十》，中华书局 1973 年版，第 378 页。

［7］（后晋）刘昫等撰：《旧唐书·志第九》，中华书局 1975 年版，第 1068 页。

［8］（唐）魏徵等撰：《隋书·志第十》，中华书局 1973 年版，第 377 页。

［9］（唐）杜佑撰：《通典·乐四》，中华书局 1988 年版，第 3679 页。

［10］参见郑汝中、董玉祥主编《中国音乐文物大系·甘肃卷》，大象出版社 1998 年版，第 246 页。

［11］（汉）司马迁撰：《史记·秦本纪第五》，中华书局 1959 年版，第 178 页。

［12］（梁）沈约撰：《宋书·志第九》，中华书局 1974 年版，第 556 页。

［13］（唐）房玄龄等撰：《晋书·志第十一》，中华书局 1974 年版，第 649 页。

［14］（唐）房玄龄等：《晋书·志第二十》，中华书局 1974 年版，第 922 页。

［15］（唐）魏徵等撰：《隋书·志第十》，中华书局 1973 年版，第 377 页。

［16］（唐）房玄龄等撰：《晋书·载记第十三》，中华书局 1974 年版，第 2884 页。

［17］（唐）房玄龄等撰：《晋书·载记第十二》，中华书局 1974 年版，第 2867 页。

［18］参见郑汝中、董玉祥主编《中国音乐文物大系·甘肃卷》，大象出版社 1998 年版，第 243 页。

［19］参见郑汝中、董玉祥主编《中国音乐文物大系·甘肃卷》，大象出版社 1998 年版，第 245 页。

［20］参见郑汝中、董玉祥主编《中国音乐文物大系·甘肃卷》，大象出版社 1998 年版，第 257 页。

［21］参见赵维平《中国古代音乐文化东流日本的研究》，上海音乐学院出版社 2004 年版，第 217 页。

［22］参见赵维平《中国历史上的散乐与百戏》，《中央音乐学院学报》2006 年第 1 期。

［23］参见郑汝中、董玉祥主编《中国音乐文物大系·甘肃卷》，大象出版社 1998 年版，第 256 页。

［24］（汉）司马迁撰：《史记·卫将军骠骑列传第五十一》，中华书局 1959 年版，第 2945 页。

［25］（汉）班固撰，颜师古注：《汉书·地理志第八下》，中华书局 1962 年版，第 1612 页。

［26］（汉）班固撰，颜师古注：《汉书·地理志第八下》，中华书局 1962 年版，第 1613 页。

［27］（汉）班固撰，颜师古注：《汉书·地理志第八下》，中华书局 1962 年版，第 1614 页。

［28］（汉）班固撰，颜师古注：《汉书·地理志第八下》，中华书局 1962 年版，第 1614 页。

［29］（唐）魏徵等撰：《隋书·志第十》，中华书局 1973 年版，第 379 页。

［30］参见万绳楠整理《陈寅恪魏晋南北朝史讲演录》，贵州人民出版社 2012 年版，第 105 页。

［31］参见余太山《两汉魏晋南北朝与西域关系史研究》，商务印书馆 2011 年版，第 148 页。

［32］（晋）陈寿撰，（宋）裴松之注：《三国志·魏书二十四》，中华书局 1959 年版，第 680 页。

［33］（晋）陈寿撰，（宋）裴松之注：《三国志·魏书十六》，中华书局 1959 年版，第 512 页。

［34］（唐）房玄龄等撰：《晋书·列传第五十六》，中华书局 1974 年版，第 2221 页。

［35］（唐）房玄龄等撰：《晋书·列传第五十六》，中华书局 1974 年版，第 2222 页。

［36］（唐）房玄龄等撰：《晋书·列传第五十六》，中华书局 1974 年版，第 2235 页。

［37］（唐）房玄龄等撰：《晋书·列传第五十六》，中华书局 1974 年版，第 2237 页。

［38］（唐）房玄龄等撰：《晋书·载记第十四》，中华书局 1974 年版，第 2914 页。

［39］（唐）房玄龄等撰：《晋书·载记第二十二》，中华书局 1974 年版，第 3056 页。

［40］（唐）魏徵等撰：《隋书·志第十》，中华书局 1973 年版，第 378 页。

［41］陈寅恪：《隋唐制度渊源略论稿·唐代政治史述论稿》，商务印书馆 2011 年版，第 46 页。

延续中的历史复现：传统舞蹈审美回归的现代性体验*

——写在《丝路花雨》首演 40 周年之际

仝 妍

　　对于中国当代艺术而言，"从某种意义上说，现代性的启蒙思想在 20 世纪 80 年代形成高潮，又是改革开放以来，思想／文化／艺术演进的逻辑结果"[1]。这个"现代性的启蒙思想"就是改革开放以来，在全国兴起的美学热中出现的对启蒙的重新呼唤、对人道主义的诉求、对社会现状的思考等社会思潮。以李泽厚"实践美学"为代表的强调"主体性"，以及作为一种本体论的马克思主义实践论等，具有先锋性和启蒙性。20 世纪 80 年代经历了"思想解放"和"新启蒙"的革新之路后，也构建了一个独特的文化空间——传统与当下、中国与西方、精英与大众共同构成了一个艺术生态场域。1979年，在中华人民共和国成立 30 周年之际，舞剧《丝路花雨》作为献礼演出作品之一，不仅是当代舞蹈对历史的延续，更是一种传统文化在新时期现代性语境中的复现。

---

* 原载《艺术评论》2020 年第 1 期。

一、传统的延续与现代性体验

追寻"现代性"在西方的社会和文化基础，大概要追溯到 15 世纪欧洲文艺复兴及其后的资产阶级启蒙运动，文化和自然科学的繁荣造就了欧洲的强盛，这种强盛又借助文化和社会的双向反哺作用凸显了现代性。周宪在《文化现代性精粹读本》序言中说："文艺复兴以降，现代与传统作为一组对立范畴开始出现，其间几经反复……到了波德莱尔，今天意义上的现代性观念便被确立起来了。"[2] 因此，与其说现代性是一种来自未来的召唤，不如说是延续而来的传统。历史地看，现代性的出现是和"传统"相对应的，是告别传统的历史进程，即现代性是传统衰退而出现的新的社会文化形态。因此，现代性如何从传统中脱胎而来，如何在传统中演变，如何继承传统，这显然是一个无法回避的问题。

在艺术中，传统与现代之间不具有绝对的对立意义。"传统性与现代性"是中国艺术学理论思考的两组关键词之一 [3]，并在艺术中形成了三种不同的话语，"一是反传统的现代性话语，二是不反传统的现代性话语，后者又包括两种言说，一种是不是要把现代化进程与中国现代性以来的历史对立起来，而是结合起来，不是与中国古代悠长的历史对立起来，而是结合起来，一种是现代性要坚持民族传统"[4]。笔者认为，对艺术而言，最重要的是表达问题，即用什么样的语言和模式把故事或情感叙述或表达出来。传统文化艺术的丰富资源，与当代之间存在着一种永久的循环机制，当代舞蹈人的情感、欲望、幻想、现象、理想、日常生活追求、价值信仰、心理模式和审美体验等，这些生存体验的审美情感，在传统与现代之间能够产生诸多共鸣，即过去与现时属于同一个精神空间。

20 世纪 70 年代末，"文化大革命"结束。在"拨乱反正""解放思想、实事求是"的语境中，舞蹈从"样板戏""政治传声筒"复归到艺术本位。在传统现实主义和西方现代主义共同作用的新启蒙文化语境中，传统舞蹈如何以传统的语言来传承历史、叙述当下、展示人性？对于这个问题，舞蹈家用行动予以了回答——对传统舞蹈艺术的复兴。

二、《丝路花雨》与古典主义舞蹈的回归

对舞蹈艺术而言，现代性本质凸显的是一种超越历史时空的生命与生存的存在体验——舞蹈或舞蹈人的主体存在。当代舞蹈人现代性的体验构成了中国舞蹈现代性的审美维度，在这一维度下，舞剧《丝路花雨》被赋予新时期的历史价值："从某种意义上说，它就是一个当代古舞的启示录：人们可以从中国丰富的古代舞蹈文化领域中挖掘今天的艺术形象和灵感。"[5] 毫无疑问，《丝路花雨》的素材是"传统"的，但其表现形式则是"现代"的，它不仅"复活"了历史中的"敦煌舞"，而且还是传统道德与艺术审美在新时期的"复活"——"文化大革命"时期，传统舞蹈被视为旧思想、旧文化、旧风俗、旧习惯的"四旧"而遭到贬斥，"文化大革命"结束后，20世纪50年代的传统经典作品得以重新排练演出，如《荷花舞》《飞天》及民族舞剧《小刀会》中的《弓舞》、《鱼美人》中的《珊瑚舞》，这些富有民族审美价值的作品再度出现于观众的眼前。以《丝路花雨》为代表的舞蹈新作，与复排、复演的经典作品一起，全面开启了"中国古代乐舞复兴"[6] 的历史新历程。

甘肃省歌舞团（后改名为"甘肃省歌舞剧院"）的这部《丝路花雨》（编导：刘少雄、张强、朱江、许琪、晏建中），再一次将绚烂的敦煌舞蹈展现在人们的审美视界中。这部民族舞剧大胆地以举世闻名的佛教艺术——莫高窟壁画雕塑为蓝本，以敦煌画工神笔张父女和波斯商人伊努思之间的友谊，建构了一个情节曲折、矛盾尖锐、形象鲜明的大型民族舞剧。

《丝路花雨》根据壁画上的舞姿特色，以敦煌舞特有的S形曲线运动规律，结合中国古典舞蹈的组合规律，将壁画雕塑中静止状态的造型动作连接发展，舞蹈语汇新颖别致，特别是绘于壁画中的代表作"反弹琵琶伎乐天"的造型动作，独具一格、优美动人，不仅复活了敦煌壁画和唐代舞蹈，更以浓厚的历史时代感与民族风格特色引发了20世纪80年代舞蹈界"复古""仿古"的热潮，如《仿唐乐舞》《编钟乐舞》《九歌》《长安乐舞》等。这些舞蹈一方面对民族传统舞蹈的审美加以继承与弘扬，另一方面也丰富了当代中国古典舞审美风格与形式。这一以古典主义舞蹈的复兴气象所复兴的，"也许一

个时期里最显著的是模仿化的古代乐舞，但最重要的当属于舞蹈运动中的典雅文化精神"[7]。《丝路花雨》也获得"20 世纪华人舞蹈经典作品"的历史评价殊荣。

在传统社会，艺术被赋予教化、记录和仪式的功能，它跟宫廷历史发生着密切的关联，因此艺术难以脱离世俗生活世界。现代性的出现为艺术的自主独立提供了历史条件——人的自由与理性，即"当我们说艺术是一个独立世界时，实际上触及美学和艺术的一个现代性特征，就是通常所说的艺术的自主性或自律性。这是一个完全现代的美学观念，它标识了一种关于艺术认知及其合理论证的逻辑，那就是艺术所以为艺术，是因为它与非艺术的日常事物截然不同，它有自己的定性、边界和内在逻辑，所以它是独立自足的"[8]。审美意识的觉醒，在于对艺术与政治、艺术与生活、艺术与历史等关系的重新认识与表达中。可以说，舞剧《丝路花雨》凸显了"拨乱反正"后新时期的历史、人文情怀，在古老灿烂的敦煌文明中找到了传统文化思想与现代舞蹈艺术的契合，实现了古典主义舞蹈的回归。

契合之一是以"像"贯通历史与当下的共在性。敦煌舞的对象与内容来自深邃久远的过去，如《丝路花雨》讲述了唐代丝绸之路上发生的关于友情、亲情及家国之忠的故事。主人公英娘敦煌市集卖艺的舞段，与父亲神笔张重逢后随父在石窟作画起舞"反弹琵琶伎乐天"，以及神笔张梦中的天乐仙境，以"当下"的身体表现"过去"的场景。可以说，古寂的石窟乐舞形象与舞者身体的舞姿结合在一起，在现代的舞台上，"敦煌"之静"像"、物"像"被赋予了有情感、有温度、有情怀、有历史、有传统、有当下的新的意义。

契合之二是以"舞"贯通静态与动态的多维性。敦煌舞提取了莫高窟壁画中的典型舞姿三道弯"S 形"：第一道弯是偏头、收颈、倾头；第二道弯是出肋、移腰、出胯；第三道弯是屈膝、勾脚，在整体上呈现下沉、出胯、冲身的体态。敦煌舞将三道弯的体态与三道弯的动律有机结合，从而呈现出丰富的 S 形动律类型。如《丝路花雨》中英娘与天宫乐伎们的拧、曲、倾，在身体高度倾斜状态下旋转，使得石窟壁画中二维平面的姿态在四维时空中"复活"，凸显出舞蹈艺术独特的时空艺术的属性。由此，神笔张梦境中的"天宫伎乐"不仅"复活"了诸如第 159 窟、第 220 窟等洞窟中的天宫乐舞，更是"复现"了唐代宫廷乐舞的场景,使得舞剧《丝路花雨》不仅具有艺术审美价值,更具有历史文化价值。

契合之三是以"情"贯通艺术与生活的真实性。尽管舞剧《丝路花雨》是"无中生有",但是秉承社会主义现实主义的创作思路,一方面以严谨的态度对待剧中的历史细节,另一方面以人民为颂扬的对象。英娘与神笔张重逢后在石窟伴父作画时的即兴之舞,无意中的"反弹琵琶"之舞姿为父亲点亮刹那间的创作灵感,这一舞剧叙事中的父女之情,赋予石窟中静止在历史时空里的画面以温暖和温度。

三、高金荣与舞蹈家的情怀

"新舞蹈"的开创者吴晓邦先生在 20 世纪 80 年代初指出:"舞蹈在实现社会主义现代化的征程中,要以人所具有的审美观点,来体现'真正的人'和'自由的人'。"[9] 这个"真正的人"和"自由的人",正是现代美学、现代艺术所追求的主体性,也是新时期"美学热"的感性解放——情感世界的张扬使然。新时期"解放思想","主体"开始觉醒,特别是艺术创作的主体性——独立思考的个体及个体性的自由创作,开始了对旧有反映论与阶级论艺术实践与理论的反驳。"文化大革命"中集体失语的舞蹈家们,在新时期的创作中表现出强烈的主体意识。历史地看,不同时代的艺术家在进行艺术创作的过程中,不断地寻找着荣格所说的"原型",从而将自我的命运转化为整个人类的命运。"正如个人意识倾向的片面性从无意识的反作用中得到纠正一样,艺术也代表着一种民族和时代生命中的自我调节过程。"[10] 在这个调节过程中,艺术家扮演着举足轻重的角色——将主体的精神追求上升为对民族与时代的关怀。

提及敦煌舞的当代构建,谁都无法绕过当代著名舞蹈家、教育家,敦煌舞教学体系的创建者高金荣女士。她曾任中国舞协第四、五届理事和甘肃省舞协主席,甘肃省艺术学校校长,西北民族大学舞蹈学院特聘教授、硕士研究生导师,甘肃省文联委员,国家一级编导,享受国务院政府特殊津贴。出生于 1935 年的高金荣,1952 年毕业于中央戏剧学院崔承喜舞蹈研究班,几十年来，她一直致力于敦煌壁画舞姿的研究，首创了敦煌舞基本训练教材并编创了一批教学剧目，培养了大量优秀的敦煌舞演员，为建立敦煌流派的舞蹈艺术奠定了基础。

作为新中国培养的第一代舞蹈人的典型代表，高金荣的身体与意识伴随新中国舞蹈构建历程，被赋予了强烈的民族性与人民性的集体无意识——民族复兴的文化自觉。

1979 年，甘肃省歌舞团创作演出的大型民族舞剧《丝路花雨》在文艺界刮起了强劲的敦煌艺术旋风，同时也深深吸引了从北京毅然到祖国大西北参加工作的高金荣。在多次观看及通过访谈与研究的基础上，高金荣认为舞剧《丝路花雨》在创作上不仅具有很大的舞蹈学术价值，更具有现当代文化意义，同时这在舞蹈的学科建设中也是一大创举。此外，高金荣在评论中认为，该舞剧还应通过不断研究和创作实践，形成同芭蕾舞剧《天鹅湖》一样的传播效应，其表现形式也应能成为一个独特的舞种，甚至学术体系。在此之前，20 世纪 70 年代时，由中国台湾和日本先后对敦煌壁画中"舞姿"的研究也曾引起高金荣的反思："为何同样是自古而来的敦煌舞就不能成为一种流派呢？"那时正逢高金荣身兼甘肃省艺术学校的校长及甘肃省舞协主席的双重身份之际，这使她感觉到此番事情应把它作为一份集体的舞蹈研究使命。[11]

由《丝路花雨》引发的灵感与共鸣、责任与使命感，使得高金荣在敦煌舞蹈复现的这条路上越走越痴迷、越走越精彩：从 1979 年开始，她走进莫高窟，开始研究敦煌壁画舞姿，通过舞蹈教学中的不断思考与实践，1982 年编写出《敦煌舞基本训练大纲》，编排了《千手观音》《妙音反弹》《大飞天》《凭栏仙女》《彩塑菩萨》《欢腾伎乐》及组舞《敦煌梦幻》等敦煌舞教学剧目，直至 2002 年正式出版《敦煌舞教程》、2015 年亲创并执导敦煌舞剧《步步生莲》。其 40 年的"敦煌路"，建构了一种古典舞蹈的现代性体验方式，开辟了一条传统舞蹈审美回归的当代路径，实现了一种延续中的历史复现。

四、敦煌舞与艺术的自律

从 20 世纪 50 年代戴爱莲先生编导的女子双人对舞《飞天》首次将石窟

壁画中的"飞天"形象以舞蹈艺术的形式在舞台上呈现，到 70 年代末甘肃省歌舞团的舞剧《丝路花雨》开创敦煌舞这一古典舞蹈流派，再到此后高金荣与贺燕云、史敏等几代"英娘"推进敦煌舞流派的丰富发展，除了舞蹈家的主体意识作用之外，艺术自律的内驱力是不可或缺的，也表现出以审美形式求取族群、国家之文化认同，重建文化精神同一性的中国美学的现代性之路。如高金荣所秉持所坚信的"历史和时间会给大家一个答案"，敦煌舞经过 40 余年的发展，逐渐形成了较为系统的舞蹈理论和实践体系，成为中国古典舞的重要组成部分，也对世界舞蹈理论和学派产生了重要影响，充分体现出当代舞蹈艺术的自律性。

其一，敦煌舞的文化格调。孕育了敦煌舞的文化母体是 1987 年被列为世界文化遗产的敦煌莫高窟。佛教在东传中逐渐被赋予了浓厚的中原文化特色，丰富深厚的传统舞蹈艺术，为敦煌的石窟舞蹈提供了肥沃的土壤，糅合印度文化、西域文化和黄河流域的文化，呈现出竭力符合中原民众的审美情趣与社会道德风尚的风格。佛教文化东进的过程也就是一路被民族化、世俗化的过程，最终形成了源远流长、无比辉煌的中国式佛教舞蹈艺术。当代敦煌舞从元素到基本动作，再到组合训练的课堂教学中，尤为注重以传承敦煌石窟文明的中西融合之历史文化基因，确保了其独特的审美格调。

其二，敦煌舞的艺术风格。舞蹈艺术激活了石窟中静谧的飞天、药叉，他们再度或仙袂飘飘，或威严凛然；激活了沉睡的中国传统舞蹈的基因密码，《丝路花雨》中英娘的"反弹琵琶"，女子独舞《敦煌彩塑》中的"S 形舞姿"，残疾人艺术团的《千手观音》及张继钢同名舞剧《千手观音》更是通过舞蹈的视觉呈现特殊性强化了"千手千眼"的形式感等。敦煌舞蹈以独特的舞蹈形态和风韵，象征性地展现了以伎乐供养、以伎乐祭祀的宗教活动内容，通过艺术化的天乐舞和俗乐舞来分别展现人们臆想中的神佛世界和人间；通过对空间的感性处理，形成有主有从、有衬托、有照应、有节奏起伏、有微妙变化的统一的艺术世界。需要强调的是，孤立地看一个舞蹈形象都不能理解其真正的内容和意义，在这样统一的宗教艺术精神世界中，通过雕塑、绘画的多种造型方法共同发挥着作用，表现出整体性的浑然气势。

其三，敦煌舞的民族审美。尽管敦煌文化与艺术是古老的中原文化，吸收了古老的西域佛教思想文化内容，并将佛、道、儒三教熔为一炉，以绘画、雕塑、建筑等传统艺术形式呈现出来，从而形成了自成体系的、中国化的石窟艺术，如借助彩云、凭借飘曳的衣裙和飞舞的彩带而凌空翱翔的飞天形象，是以形写神的艺术样式生动地弘扬着中原文化的审美意识。而飞天形象的形成也是一个印度宗教文化中国化的典型："敦煌飞天来自印度。当其进入龟兹石窟后变为圆脸、秀眼、身体短壮、姿态笨拙的形象，加上印度裸俗、波斯大巾、不乘云彩，形成了西域特殊风格。进入敦煌后，逐渐与羽人相结合，五世纪末转化为飞仙，条丰脸型、长眉细眼、头顶圆髻、上身半裸、肩披大巾、头无圆光、风姿潇洒、云气流动，这就是敦煌式中国飞天。"[12]

1981年春，高金荣在其所供职的甘肃省艺术学校首先开设了敦煌舞的课程，至今也已40多年。在此期间，曾有不少国内外的舞蹈家、艺术家前来看课观摩，曾在中国敦煌吐鲁番学会第一次学术研讨会作为研究成果正式发表演出，也曾应邀在国内或赴海外各地进行教学和交流、带领学生演出，获得专家、学者和广大观众的一致好评，普遍赞誉它新颖别致、自成一格、魅力独具。有的海外舞蹈家还不远万里专程来学习，在国内近年来也有越来越多的院校团体的舞蹈专业开设此课程。如高金荣所言："敦煌石窟艺术发展的历史表明，对外愈开放，吸纳外来文化的气魄愈大，国家就愈强盛，文化艺术也就愈繁荣。"[13]

结语

当前，在国家"一带一路"倡议的引导下，"路路连连、美美与共"的文化价值观是丝路传统文化发展与文艺创作的着力点。敦煌石窟坐落于敦煌，因而敦煌不仅是"一带一路"上的丝路重镇，更是东西方文化的交汇中心，更应引领"路路连连、美美与共"的文艺旗帜。在我们看来，正是像《丝路花雨》《敦煌彩塑》《大梦敦煌》等舞蹈（剧）作品，像高金荣、贺燕云、史敏这样执着的一代代敦煌舞人，以"美美与共、天下大同"的美学关怀，才使得敦煌舞这一"敦煌壁画式舞蹈艺术"逐步得到社会与国内外学界的广泛认可，不仅丰富了当代中国古典舞蹈的专业与学科体系，更是以传统舞蹈审美回归的现代性体验呈现出延续中的历史复现，从而发挥着中华优秀传统文化的世界影响力。这也是我们今天持续、深入、广泛地研究与研讨敦煌乐舞艺术的当代价值与世界意义之所在。

（仝妍，华南师范大学音乐学院教授）

注释

[1]张法：《艺术学的重要关键词：传统性与现代性》，《人文杂志》2008年第6期。

[2]周宪主编：《文化现代性精粹读本》"序言"，中国人民大学出版社2006年版，第16页。

[3]参见张法《艺术学的重要关键词：传统性与现代性》，《人文杂志》2008年第6期。

[4]张法：《艺术学的重要关键词：传统性与现代性》，《人文杂志》2008年第6期。

[5]冯双白：《中国现当代舞蹈史纲》，文化艺术出版社1999年版，第209页。

[6]冯双白：《新中国舞蹈史：1949—2000》，湖南美术出版社2002年版，第86页。

[7]冯双白：《新中国舞蹈史：1949—2000》，湖南美术出版社2002年版，第87页。

[8]周宪：《从舞台到街角：舞蹈现代性的思考》，《北京舞蹈学院学报》2015年第3期。

[9]吴晓邦：《新舞蹈艺术概论》，中国戏剧出版社1982年版，第59页。

[10]《心理学与文学》，载［瑞士］荣格《荣格文集》，冯川译，改革出版社1997年版，第235页。

[11]参见高金荣2017年6月13日在西北民族大学所做的《敦煌舞的缘起创造与发展——敦煌舞一路走来》讲座。整理人：王情。

[12]段文杰：《敦煌石窟艺术的特点》，《敦煌研究》1995年第2期。

[13]高金荣2017年6月13日在西北民族大学所做的《敦煌舞的缘起创造与发展——敦煌舞一路走来》讲座。整理人：王情。

重新审视库车出土舍利容器上的龟兹乐器图像

[日]柘植元一著，王旦译

日本大谷光瑞探险队 1903 年在中国新疆库车的苏巴什佛寺西寺遗址发掘的舍利容器（TC-557），现收藏在日本东京国立博物馆。该探险队在伯孜克里克石窟切割下的一部分壁画《众人奏乐图》（TC-554），也收藏在该馆。这些文物对古丝绸之路音乐的研究者来说，都是非常重要的音乐图像资料（见图 1、图 2）。

关于这件舍利容器的研究，学界已有几篇美术史和考古学的研究报告[1]，但这些研究报告并未对其进行音乐图像资料视角的考察。本文从乐器学的角度，对东京国立博物馆所藏舍利容器上的乐器图像进行考证。这件圆筒形舍利容器直径为 38.3 厘米，有一个圆锥形的盖子，总高 32.3 厘米，是一件相当大的木制容器。容器的上盖部分贴着麻布，筒身部分用红色、黄色和绿色颜料着色，表面还附了一层油脂（采用密陀绘技法制成）。[2]

一、舍利容器盖上描绘的奏乐天使

从顶部俯视上盖可见，中间较大的三个重叠圆环周围，均匀地搭配了四个圆形图像，每个图像中绘有一个演奏着不同乐器的带翼天使（见图 3）。左上方图像，绘制了一位白色肌肤的天使演奏着筚篥。右上方图像，绘有一位黑色肌肤的天使在演奏四弦曲项琵琶。右下方图像，画的是一位白色肌肤的

图 1　东京国立博物馆藏舍利容器（TC-557）　　图 2　东京国立博物馆藏《众人奏乐图》

（TC-554）

天使在演奏竖箜篌。这是一架萨珊波斯典型的竖型锐角竖琴，虽然琴弦没有画上去，但是乐器的基本构造已经很明确地被描绘了出来，这部分图像提示了其所绘乐器与萨珊波斯乐器的近缘关系。左下方图像，是一位黑肤色的天使在演奏五弦琵琶。令人惊奇的是，这四种乐器的特征被明确地区分开来，四弦曲项琵琶和五弦直颈琵琶的不同勾画得一目了然。更为重要的是，通过该四弦曲项琵琶图可以证明，四弦曲项琵琶（日本琵琶的祖型）其时是使用较大的拨子来演奏的。

二、舍利容器侧面的伎乐行列

舍利容器本体的侧面，绘有 21 人组成的伎乐（舞人和乐人）行列，其中，拍手伴唱的少年 3 人，用木棍抬着吊挂大鼓的少年 2 人（见图 4）。由于色彩的氧化和颜料的剥离，加之是复制的照片，所以图片相比实物还是有不够鲜明的地方。为方便解释，这里借用《中国音乐文物大系·新疆卷》发布的线描复原展开图予以说明。这张展开图分为上下两段，我们用数字从 1—21 给行列内的人物逐一编号，本文重点关心的是乐器，所以希望读者特别注意下段 10—17 号的人物。10 号和 11 号人物是两个少年，肩扛杠子吊起的大

鼓。紧跟其后的 12 号人物是一名鼓
手，两手各持一支鼓槌击打鼓面；此
鼓两面都张有鼓皮，鼓皮用绳子相互
收紧，为了调整鼓皮的张力，绳索与
鼓身之间使用了楔子；绳索和调整音
律的楔子，都被精密地绘制出来，使
人联想到今日精密调律的印度鼓（见
图 5 ）。

图 3　舍利容器（TC-557）上盖面

但是，熊谷宣夫所著《クチャ将
来の彩画舍利容器》（中文名：《从库
车带来的彩绘舍利容器》），将这个大
鼓叙述为"由暗红色的木片缝合而成，两端附加了黄色的金属件"[3]。作为美
术史学家的熊谷宣夫把这一精心绘制的大鼓图像想象成了用细长的木板缝合
制成的樽一样的鼓身，而且还曲解成两面鼓皮是用金属件来固定的。

《中国音乐文物大系·新疆卷》对这面大鼓是这样说明的："大鼓描绘得
比较细致，鼓身为弧形条木拼制，条木之间有燕尾榫连结。两端鼓面周沿各
有铆钉一圈。"[4] 显然，该卷也误认为此鼓的鼓身是由一条条细长的木板拼连

图 4　舍利容器（TC-557）侧面复原展开图

制作而成。

　　大家对这幅大鼓图像的认识，存在两个问题。第一，认为大鼓的鼓身不是由一块完整的木头抠挖出来的，而是像酒樽一样由一条条木板拼接而成。还有，把连接两张鼓面的绳索看作木条之间的缝隙；再将调律用的楔子误认为连接条状木板间的补强金属件。第二，认为鼓皮是用铆钉固定的。这一观点更不合理，看上去像铆钉一样的黑点难道不是鼓皮前端穿绳索的孔吗？中国的大鼓一般

图 5　舍利容器（TC-557）侧面 10、11、12 号人物

来说是用铆钉来固定鼓皮的（打铆钉鼓），这种鼓在演奏中无法调律和改变张力。而印度的大鼓是用绳索来固定鼓皮的（绳紧鼓），可以做到音高和音色的微小调整。这些是音乐学者的见解，同时也是乐器分类学的共通理念。

　　13 号人物描绘的是演奏竖箜篌的乐人，该竖箜篌和上盖右下方图像描绘的带翼天使演奏的竖箜篌完全相同。但是，这种站立的演奏方式很有趣——竖箜篌的腿别掖在演奏者的腰带里，如此，演奏者可以一边行走一边用双手拨动琴弦，并保持乐器的稳定。在新疆维吾尔自治区的吐鲁番博物馆，展示有从海洋打捞出来的箜篌，博物馆在解释如何站立演奏持琴姿势时采用了这种说法，估计展览策划人可能就是从舍利容器上的竖箜篌演奏图（见图 6）得到了启发。

　　14 号人物演奏的乐器，因为颜料剥落，很难判别具体是什么，演奏者左手拿着的，好像是绷着皮的一个细长共鸣腔体（见图 7）。但是，这个看上去是乐器的物件，角度有些倾斜，演奏者左手所持的位置比肩高一些；右手像是在敲击，又像是在拨弦。熊谷宣夫"想象（它）是 Tambourin 手鼓"[5]，如果是这样的话，高扬的左手提着的，可解释成吊起来的框鼓。另外，《中国音乐文物大系》的编者判断其为弓形箜篌。但是笔者认为，左手提着的或许是

答腊鼓（摩擦鼓）。关于这张图的内容，目前无法作出准确判断。

15 号人物手持的是排箫，这部分图像的颜料同样剥落得甚为严重，一部分的麻布都已经脱落了。但箫管清楚可见，十二根箫管从演奏者的左手向右手延伸，管的长度则是依次由长变短，左手方向的箫管音律低，右手方向的箫管音律高（见图 8）。

16 号人物的颜料同样剥落得较为严重，细节部分不是很明显，演奏者左手拿着小型鼓，右手持一根弯曲的鼓槌做击打状。《中国音乐文物大系》可能将这个小型鼓判定为鸡娄鼓和鼗鼓。[6]

17 号人物明显是在吹铜角——从形态上看是青铜喇叭（lip-reed instrument，见图 9）。熊谷宣夫称之为"长的暗红色角笛"[7]，"角笛"之称在这里并不适合。

图 6　舍利容器（TC-557）侧面 13 号人物

三、同型的舍利容器间之比较考察

法国的东洋学者保罗·伯希和（Paul Pelliot，1878—1945），把这个东京国立博物馆的舍利容器（TC-557），与四个几乎相同的舍利容器（新疆库车以西的苏巴什佛教寺院遗址里挖掘出来的）做了比较。这四种舍利容器（EO1094、EO1092、EO1093、EO17697），现收藏在巴黎的吉美博物馆，无论这四个舍利容器中的哪一个，都比东京国立博物馆的舍利容器（TC-557）要小。值得注目的是，其中"舞蹈奏乐童子装饰"的舍利容器（EO1094，见

图7 舍利容器（TC-557）侧面14号人物　图8 舍利容器（TC-557）侧面15号人物　图9 舍利容器（TC-557）侧面17、18号人物

图10，描绘的是裸体童子奏乐器及舞蹈的姿势），与东京国立博物馆藏的舍利容器有共同点，是很好的比较材料。秋山光和所著的《伯希和带回的苏巴什出土的三种木制舍利容器》，对这件舍利容器（EO1094）做了美术史研究。[8]另外，雅克·吉耶斯（Jacques Giès）对吉美博物馆的伯希和收藏有详细的评论。[9]下面将东京国立博物馆藏舍利容器（TC-557，下文简称"东博舍利容器"）与吉美博物馆藏舍利容器（EO1094，下文简称"吉美舍利容器"）进行比较分析。

吉美舍利容器高15厘米，直径24.5厘米，远比东博舍利容器要小。吉美舍利容器上盖表面中心的图案周围，绘有六幅圆形童子图像（见图11）。

图11中的图像1画了一个演奏竖箜篌的童子，这件竖箜篌与东博舍利容器上竖箜篌的构造相同，都是锐角竖琴。童子的身体朝右，脸转向左。

图11中的图像2画的是童子挂水平腰鼓两手击打左右鼓面，两张鼓面用绳索系着，这种鼓很像南印度的穆丹迦鼓。

图11中的图像3的童子，就像相扑手在四边形场地上站立着一样，右手置

图 10　吉美博物馆藏舍利容器（EO1094）

图 11　吉美博物馆藏舍利容器（EO1094）上盖面

于腰部，左手臂水平伸展，身体略偏向左方，脸转向右方。

图 11 中的图像 4 的童子，右手弯曲，肘部抬到肩的高度，右手所持不明物贴着右耳，左手臂与肩部水平伸展，脸转向左方。

图 11 中的图像 5 的童子，右手持一根弯曲的棒槌，击打左下侧抱着的小鼓，这个奏乐童子的脸和身体都向着右边，与图像 4 的跳舞童子相呼应。这个小鼓的属性无法确定，可能是一种按下小边可以调整紧固绳索张力的鼓（细腰鼓）。

图 11 中的图像 6 绘有一名拍手的童子，身子和脸都朝向右方。

以上六名裸体童子，和着音乐一边舞动，一边做着特殊手势。可以看出，他们不按行列，朝着特定的方向行进。

四、龟兹乐器

以上考察的两种舍利容器，笔者推断它们都是 6—7 世纪之物。从出土地来看，可以考虑它们是从苏巴什到龟兹（今新疆库车）的遗物。有关龟兹，玄奘《大唐西域记》卷一，在三十四国的"屈支国"一节中，有"管弦伎乐，特善诸国"[10] 的记载。库车从汉到唐宋时被称为龟兹，龟兹的乐舞在当时西域诸国中被认为是最发达的。隋朝的七部伎、唐朝的十部伎都包含了龟兹乐。龟兹乐使用的乐器有十五种，即竖箜篌、琵琶、五弦、笙、笛、箫、筚篥、毛员鼓、都昙鼓、答腊鼓、腰鼓、羯鼓、鸡娄鼓、铜钹、螺。为什么中文文献龟兹乐器目录里没有包含铜角呢？陈旸《乐书》卷一百二十五中有"铜角高昌之乐器也，形如牛角。长二寸[11] 西戎有吹金者铜角是也"这样的记载。

但是，单凭东博舍利容器上的图像资料就可看出，当时龟兹乐中也使用铜角这件乐器。龟兹乐源于印度的佛教音乐，许多千佛洞和佛教寺院的壁画中，都遗留了龟兹乐器的形状和奏乐场面。然而，本文讨论的舍利容器上绘制的龟兹乐器演奏图，跟伎乐天或者迦陵频伽图像里面的内容不一样，它似乎是在生动描绘古代库车（龟兹）的乐伎师及其活灵活现的演奏场景。

（柘植元一，东京艺术大学名誉教授；王旦，西安音乐学院教授）

注释

［1］参见［日］熊谷宣夫《クチャ将来の彩画舍利容器》，日本《美术研究》1957 年总第 191 期；《中国音乐文物大系·新疆卷》，大象出版社 1996 年版；［日］苔信祐尔《大谷光瑞と西域美术》，《日本の美术》（总 434 期），至文堂 2002 年版；［日］胜木言一郎《舍利容器（表纸解说）》，《博物馆》2015 年总第 656 期。

［2］参见［日］熊谷宣夫《クチャ将来の彩画舍利容器》，日本《美术研究》1957 年总第 191 期。

［3］［日］熊谷宣夫：《クチャ将来の彩画舍利容器》，日本《美术研究》1957 年总第 191 期。

［4］王子初、霍旭初主编：《中国音乐文物大系·新疆卷》，大象出版社 1996 年版，第 179 页。

［5］［日］熊谷宣夫：《クチャ将来の彩画舍利容器》，日本《美术研究》1957 年总第 191 期。

［6］《中国音乐文物大系》的复原图中，鼓槌的弯曲前端没有忠实地再现出来。

［7］［日］熊谷宣夫：《クチャ将来の彩画舍利容器》，日本《美术研究》1957 年总第 191 期。

［8］参见［日］秋山光和《伯希和带回的苏巴什出土的三种木制舍利容器》（《ペリオ将来のスバシ出土木制舍利容器三种》），东京文化财产研究所《美术研究》1957 年总第 191 期。

［9］参见［法］雅克·吉耶斯编《西域美术》第 2 卷，东京讲谈社 1995 年版。

［10］（唐）玄奘：《大唐西域记》，［日］水谷真成译，平凡社 1999 年版，第 39 页。

［11］译者注："二寸"的长度，陈旸《乐书》在出版时可能有误，疑为"二尺"。

莫高窟出行图中的仪仗用乐研究

汪　雪

　　中国自古以来就有仪仗中用乐的传统，仪仗用乐以鼓吹乐为主体。汉代以来，鼓吹可依据演奏场合分为两类：用于道路的车驾仪仗之乐，称为卤簿鼓吹；用于殿庭，作为献捷、给赐、宗庙食举等活动的仪仗之乐，称为殿庭鼓吹。卤簿鼓吹至唐代颁行卤簿令而成定制。

　　莫高窟出行图仪仗中既包含卤簿鼓吹，又有极富地方特色的乐舞。宁强教授提出，张议潮、曹议金出行队伍中的舞蹈为土俗舞，配合大阵乐表演。《回鹘公主出行图》中的乐舞为西凉乐与方舞的结合。陈明、朱晓峰博士分别对《张议潮统军出行图》中的乐舞及乐器做了专题考证。本文拟以敦煌莫高窟五铺出行图中的鼓吹图像为主要研究对象，结合史籍记载，考证晚唐五代归义军时期敦煌地区卤簿鼓吹的类型、乐舞组合方式及用乐规制。

一、莫高窟出行图中的乐舞图像概述

　　莫高窟壁画中包含乐舞内容的出行图共五铺，分别为晚唐第156窟南壁《张议潮统军出行图》、北壁《宋国夫人出行图》，第12窟前室西壁《索义辩出行图》以及五代第100窟南壁《曹议金出行图》、北壁《回鹘公主出行图》。张议潮、曹议金出行图位于南壁下方，其眷属宋国夫人、回鹘公主出行图位于北壁下方，出行仪仗均头西尾东，两壁之间呈对称布局。五铺出行图中共包含 12 组乐舞（见表 1）。

表 1 莫高窟出行图中的乐舞统计表

窟号	壁画名称	乐舞类型	舞伎	杂技	乐伎	大鼓	大角	担鼓	拍板	琵琶	竖箜篌	竖笛	横笛	笙	排箫	腰鼓	鼗鼓	鸡娄鼓	方响	不清
156	张议潮统军出行图	马上乐队			8	4	4													
		乐舞方队	8		12			2	1	1	1	1	1	1		1	1	1		
	宋国夫人出行图	百戏		6	4	1		1					1							
		乐舞方队	4		7				1	1		1	1	1		1	1	1		
		俗乐乐队			4				1	1	1				1					
12	索义辩出行图	存疑			6	1							1	1	1					2
100	曹议金出行图	马上乐队			4	2	2													
		乐舞方队	8		10			1	1	1	1	1	1	1		1	1	1		
		俗乐乐队			7	1			1	1	1	1		1						
	回鹘公主出行图	乐舞方队	2		10			2	1	1	1	1	1	1						
		携乐器队			1							1	1						1	4
		俗乐乐队			4				1		1			1						1

注：伎乐人以"身"为单位，乐器以"件"为单位。

（一）第156窟出行图中的乐舞

1.《张议潮统军出行图》仪仗中的乐舞可分为前、后两组（见图 1）。

第一组：马上乐队，位于仪仗最前方。8 人马上演奏，每列 4 人对称分列左右，4 人奏大鼓，鼓以绳斜挎，置于腋下，单杖击之。4 人奏大角，

图 1 《张议潮统军出行图》中的乐舞［莫高窟第156窟南壁（晚唐）］

演奏时朝向仪仗后方。

第二组：乐舞方队，位于仪仗中部。舞伎 8 人列队舞蹈，每列 4 人，一手向上抛甩长袖，一手叉腰。舞者一组头戴唐巾，一组着吐蕃巾饰，长垂于脑后。身着圆领缺骻衫，袖窄而长，腰束革带，衫下着短裙，下穿阔口裤。乐伎共 12 人，乐手均为男性，头戴幞头，身穿圆领襟袖袍衫，腰系革带。

图 2 《宋国夫人出行图》中的乐舞［莫高窟第 156 窟北壁（晚唐）］

2.《宋国夫人出行图》中的乐舞自西而东共有三组（见图 2、图 3）。

第一组：百戏，位于仪仗最前方。6 人做"戴竿之戏"，1 男子头顶竿，竿梢之上有身着短裤的 4 身童子做杂技表演，旁立 1 男子持竿护持。另有 4 身乐伎奏乐，以百戏艺人为中心，呈圆弧形排列。

第二组：乐舞方队，位于百戏之后。乐伎 7 人，分前后两排，舞伎 4 人，呈菱形排列，身着 V 领长袖短衫，袖窄而长，

图 3 《宋国夫人出行图》中的乐舞［莫高窟第 156 窟北壁（晚唐）］

下穿团花纹曳地高腰长裙，身挂帔帛，梳高髻，相对而舞。

第三组：俗乐乐队，位于宋国夫人前方，4 名乐伎均为女性，身着大袖襦裙，裙腰高于胸部，足穿高头履。

（二）第 100 窟出行图中的乐舞

1.《曹议金出行图》中的乐队自西而东可分为三组（见图 4、图 5）。

第一组：马上乐队，位于仪仗最前方，共残存 4 身，其中 2 人奏大鼓，2 人奏大角。下部残毁。

第二组：乐舞方队，位于仪仗中部，舞伎 8 身，残存乐伎 10 身。图像下残。

第三组：俗乐乐队，位于曹议金前方，残存 7 身，乐伎皆为男性。

图 4 《曹议金出行图》中的乐舞方队［莫高窟第 100 窟南壁（五代）］

图 5 《曹议金出行图》中的俗乐乐队［莫高窟第 100 窟南壁（五代）］

2.《回鹘公主出行图》中的乐队自西而东共有三组（见图 6、图 7）。

第一组：乐舞方队，位于仪仗前方，乐伎 10 身，残存舞伎 2 身。

第二组：携乐器队，骑马行进，携带鼓、笛（以布包裹）、方响、竖箜篌各 1 件，另有 4 件乐器包裹于布中，形制不详。

第三组：俗乐乐队，位于回鹘夫人前方，乐伎 4 人皆为女性，乐队前有 1 人转身向后做指挥状。

此外，《索义辩出行图》中乐舞图像漫漶严重，编制残缺，本文不拟深论。依据出行图中的乐舞组合形式、乐队编制及演奏方式等特征，可将乐舞分为四类：马上乐队、乐舞方队、百戏及出行图主人前方的俗乐乐队。

图 6 《回鹘公主出行图》中的乐舞方队［莫高窟第 100 窟北壁（五代）］

图 7 《回鹘公主出行图》中的携乐器队与俗乐乐队［莫高窟第 100 窟北壁（五代）］

二、莫高窟出行图中卤簿用乐的部类考辨

鼓吹乐的部类、名称经过了一个漫长的发展过程，各个朝代的鼓吹称谓较为混杂。汉代鼓吹乐主要包含"鼓吹""横吹"两种类型，郭茂倩《乐府诗集》载：

> 有箫笳者为鼓吹，用之朝会、道路、亦以给赐……有鼓角者为横吹，用之军中，马上所奏者是也。

唐代鼓吹乐发展为五个部类，据《新唐书·志第十三下·仪卫下》载：

> 大驾卤簿鼓吹，分前后二部……凡鼓吹五部：一鼓吹、二羽葆、三铙吹、四大横吹、五小横吹，总七十五曲。

五部之中，第一部鼓吹由非旋律性乐器组成，多用于卤簿中的前部鼓吹；羽葆部具有很强的仪式性，多用于大驾卤簿、对高级官员的赏赐及丧后追赠；铙吹即短箫铙歌，用于战伐之事，故军队凯乐多奏铙吹部；横吹部多演奏非仪式性的俗曲。

对比可知，马上演奏、用于军中的乐部在汉代称为"横吹"，在唐代则称为"鼓吹"。"鼓吹"一词在唐代具有广、狭二义：一是隶属鼓吹署的所有仪仗音乐统称为"鼓吹"；二是作为鼓吹中的部类名称，特指由军乐发展而来的马上奏乐的鼓吹乐部，尤其以道路仪仗中使用最为典型。

（一）马上乐队

汉代大驾卤簿已有前、后部鼓吹之分，据《大唐开元礼》等典籍记载，唐代一品官员卤簿鼓吹分前、后两部。从乐舞布局来看，《张议潮统军出行图》与《曹议金出行图》中马上乐队与乐舞方队具有前、后部鼓吹的意义。

马上乐队的乐器仅鼓、角两种，与五部鼓吹乐中的"鼓吹部"编制相类。

《新唐书·志第十三下·仪卫下》记载：

> 鼓吹部有扛鼓、大鼓、金钲小鼓、长鸣、中鸣。

从同卷所记各乐器曲名来看，扛鼓、长鸣有"雷震""龙吟声"等，可推断其奏法为模仿各类自然音声，形成威严震骇的音响效果；中鸣、小鼓有"荡声""单摇"等，突出节奏的表现力；大鼓有"骍合逻""吐咳乞物真"等，为胡曲音译，根据类型分为"严""警"两类，取威严、警戒之意。可见"鼓吹部"的主要功能是道路警戒、显示军队威仪。

由汉代"横吹"发展而来的唐代"鼓吹部"与胡乐有深厚的渊源。鼓吹部乐人皆骑马，是对北狄诸国马上奏乐习俗的承袭，《新唐书·礼乐》载：

> 北狄乐皆马上之声，自汉后以为鼓吹，亦军中乐，马上奏之，故隶鼓吹署。

据贺世哲先生研究，莫高窟第156窟开凿时间不早于晚唐咸通二年（861），即唐廷授张议潮"检校司空"之后。第100窟的营建时间在五代时期曹元德掌权期间。卤簿鼓吹作为身份及功勋的象征，历来具有记叙史实、颂扬功德的政治意义，尤其是有功者，多备军容凯乐。

敦煌遗书 P.2962《张议潮变文》记叙大中十年（856）退浑王反乱，张议潮行军至退浑国作战事："展旗帜，动鸣鼙，纵八阵，骋英雄。"又记归义军与伊州回鹘作战事曰："回鹘大败……于是中军举画角，连击铮铮……遂即收兵。""鸣鼙""画角"即鼓、角，在古代战争中发挥着鼓舞士气、指挥战斗的重要作用。因此以鼓、角为主奏乐器的鼓吹乐从产生之初便属于"以鼖鼓鼓军事"的军中之乐。《晋书·乐下》记，汉代已有严格的军中用乐规制：

> 李延年因胡曲更造新声二十八解，乘舆以为武乐。后汉以给边将，和帝时，万人
> 将军得用之。

"横吹"作为军乐，汉代仅阶品较高的将领可用，唐五代时期"鼓吹部"

依旧因袭这一传统。张议潮、曹议金均以军功立身，置身通显，因此出行仪仗最前方使用以鼓、角于马上演奏的具有军乐性质的"鼓吹部"，其眷属的出行仪仗则不可用。

（二）乐舞方队

乐舞方队是莫高窟出行图仪仗用乐中不可或缺的核心部分。两铺男性出行图中乐舞方队的编制、队形、舞容极为相似，可见这组乐舞在归义军统治期间是规范的仪式性乐舞，不是即兴而作。女性出行图中乐舞方队的编制较男性略小，以体现等级之差。

早在20世纪50年代，阴法鲁先生提出《张议潮统军出行图》中的乐舞为唐十部乐中的西凉伎。众所周知，西凉乐是中西音乐融合的产物，以中原与西域乐器共用为典型特征。从编制来看，该乐队并不包含西凉乐中具有标志意义的中原乐器。此外，十部乐属燕乐系统，其本质为宫廷俗乐，而卤簿用乐是仪式性乐舞，隶属鼓吹署，两者具有截然不同的文化渊源，不可一概而论。

据《大唐开元礼》及《新唐书》记载，一品官员后部鼓吹用铙吹一部（箫、笳、铙鼓）、横吹一部（大横吹：横吹、笛、箫、筚篥、笳、节鼓；小横吹：角、笛、箫、笳、觱篥、桃皮觱篥），其中铙吹部由短箫铙歌发展而来，具有歌唱传统。莫高窟出行图中乐舞方队所用乐器涵盖了吹管、打击和弹拨乐器三种类型，尽管加入竖箜篌与琵琶两件弹拨乐器，然而在乐队中，吹管与打击乐器仍处于主导地位，音乐在本质上依然属于"鼓""吹"相加，以歌和之的范畴。因此，该乐队应是在铙吹部与横吹部结合的基础之上发展演变而来，其乐器编制受到敦煌民间乐舞风尚的强烈影响。

敦煌遗书P.2962《张议潮变文》中记归义军于大中十年（856）大败退浑军：

> 决战一阵，蕃军大败……收夺得驰马牛羊二千头匹，然后唱《大阵乐》而归军幕。

《大阵乐》即《秦王破阵乐》，本为士卒歌颂唐太宗战功而作的徒歌，唐代军队凯歌《破阵乐》而归，似为一种军中传统，归义军也概莫能外。《破阵乐》为唐代凯乐四曲之一。铙吹部第一曲为《破阵乐》，据王立增先生研究，大鼓吹部第二十一曲为《破阵乐》。由此看来，《破阵乐》作为大唐武力绥服四海的象征，为唐代鼓吹仪仗所习用。《新唐书·礼乐志》载：

咸通间……藩镇稍复舞《破阵乐》，然舞者衣画甲，执旗斾，才十人而已。

《破阵乐》自产生伊始至咸通年间已逾二百余年，在有唐一代演变为十余个形式多样、功能各异的版本，兼容雅、胡、俗三种音乐风格，足可见其兼收并蓄的艺术特征，既包含使臣下"畏威怀德"的政治功能，又具有极高的艺术水准。从士卒唱《大阵乐》而归，到藩镇复舞《破阵乐》可见，大中至咸通年间《破阵乐》流行于边镇，是可歌唱、可舞蹈，同时又可合乐的表演。《新唐书·礼乐志》又记：

又有葱岭西曲，士女踏歌为队，其词言葱岭之民乐河、湟故地归唐也。

上文所载为大中年间流行于葱岭及河西地区的歌舞。踏，踏也，"踏歌为队"指舞人呈队排列，联袂而歌，踏歌而舞。无论从舞容或歌词主题来看，文献所述均与《张议潮统军出行图》中的乐舞相类。有关这一舞蹈的民族系属，学界一直存有争议。李才秀先生最早提出，图中身着吐蕃装者为女子，其舞姿与当下藏族舞蹈的行进步伐相似。李正宇、段文杰、沙武田三位亦持此说。王克芬先生进一步指出，男女双方的舞蹈分别类似锅庄舞与弦子舞。宁强与陈明两位则否认该舞蹈与吐蕃之间的联系。高德祥先生认为该舞蹈可能是浑脱舞。

经笔者调查，今西藏阿里地区的石窟中，遗存了与莫高窟出行图中的舞蹈相类似的群舞图像。吐蕃王室的后裔于9世纪在阿里地区建立古格王朝，古格王朝在极盛时统治了阿里全境。阿里的丁穹拉康石窟营造于12—14世纪，洞窟北壁壁画中残存了3身长袖舞者。观其舞容，舞者散发披肩（或结辫散披），头顶似佩绳圈冠，身穿翻领长袖袍服，腰间束带。舞者呈横排队列，一手举袖。这一舞蹈图所描绘的是典型的吐蕃长袖群舞（见图8）。

图 8　长袖舞 西藏丁穿拉康石窟北壁（12—14 世纪）

结合历史文献中的记载、《破阵乐》在鼓吹乐中的重要地位及《张议潮统军出行图》题记"收复河西一道"的政治意义，笔者推断，该乐舞极有可能是由乐队演奏《破阵乐》的曲调，编创歌咏河西一道归唐功德的唱词，并配以河西地区所流行的吐蕃长袖群舞的综合性表演。

（三）百戏

《宋国夫人出行图》仪仗最前方所绘百戏为缘竿，古称"都卢寻橦"，又名戴竿、缘橦。《艺文类聚·卷六十一》所引傅玄《正都赋》：

> 乃有材童妙妓，都卢迅足，缘修竿而上下，形既变而景属。忽跟挂而倒绝，若将坠而复续。虬萦龙蛇，委随纡曲，抄竿首而腹旋，承严节之繁促。

《宋国夫人出行图》中的百戏图所描绘的，正是此类缘竿场景。"虬萦龙蛇"意指身体如龙屈曲盘伏，是为柔术，此时音乐"委随纡曲"，"纡"为宽舒、迟缓之意，"纡曲"乃速度缓慢之乐曲。"抄竿首而腹旋"则如图中所绘，童子以腹抵竿首旋转，此时音乐速度加快、情绪热烈，即所谓"承严节之繁促"。百戏所用乐队有横笛、大鼓、拍板各一件，其中两件为打击乐器，这样的乐队配置既可发挥吹管乐器性能，演奏节奏疏朗的"纡曲"，又适宜突出打击乐器的表现力，演奏"严节""繁促"、气氛热烈的乐曲。《旧唐书·庄恪太子传》载：

> 因会宁殿宴，小儿缘橦，有一夫在下，忧其堕地，有若狂者。

图中西侧有一男子持竿站立，正是因缘竿危险，"忧其坠地"而在一旁护持。唐代缘竿不仅技艺精湛，竿木加高，有"百尺竿"之称，更是体现出时代特色。苏鹗《杜阳杂编·卷二》：

> 时有妓女石火胡，本幽州人也，挈养女五人，才八九岁，于百尺竿上，张弓弦五条，令五女各居一条之上，衣五色衣，执戟持戈，舞《破阵乐》曲，俯仰来去，赴节如飞。

上述百戏表演用乐为《破阵乐》，表演者身着五色衣，执戟持戈，仿照燕乐大曲《破阵乐》虚拟战争场面的舞容。此时《破阵乐》已脱离燕乐本有的仪式性，与百戏相结合，纯粹为怡情悦目之用。宋国夫人出行仪仗最前方陈百戏，与南壁张议潮出行仪仗前方的马上军乐呈对称状态，从而使南、北两壁之间的仪式性与娱乐性共存、呼应。

（四）俗乐乐队

在莫高窟的四铺出行图中，《张议潮统军出行图》中仅包含两组乐舞，其余三铺均有三组乐舞，其中在出行图主人近前有一个编制相对较小的行进演奏的乐队。值得注意的是，在前、后两组乐舞中，乐人皆为男性，而主人近前的小型乐队，曹议金前方皆为男性，宋国夫人与回鹘公主前方皆为女性。这个小型乐队的性质可从乐伎的性别、服饰及乐队编制等特征中管窥一二。

宋国夫人近前的四身女性乐伎头梳高髻，上身穿交领内衣，外穿大袖高腰襦裙，长裙曳地，腰系宽带，系结垂于身前，肩披丝帛，脚穿高头履。汉晋以来，襦裙是妇女的常服，唐承前代服饰遗风，常以大袖襦裙为女子礼服。《宋国夫人出行图》中的这四身乐伎服饰与长安唐墓中出土乐俑服饰相似。

该乐队编制较小，打击乐器、弹拨乐器、吹奏乐器的数量相对均衡，与前方乐队强调吹奏与打击乐器的特征有异。就本质而言，这个乐队不属于鼓吹乐，其演奏乐曲当为俗乐。笔者认为乐队成员应是出行图主人平日的近从，即室内享乐的乐队，故而女性出行图的俗乐乐队皆由女性乐伎担任，其娱乐性强于仪式性。

三、敦煌归义军时期的仪仗用乐规制

唐代各级卤簿规模与主人的品级紧密联系，乐工之数依据出行规格递减，形成严格的等级制度。据曾美月对唐代卤簿鼓吹的量化统计，一品官员的卤簿鼓吹前部共包含乐器35件，后部包含乐器43件。

张议潮结衔为司徒，丧后追赠太保。自曹议金始，归义军节度使均加官在三公一级，曹议金自长兴二年（931）直至去世均称作"大王"。参校唐代鼓吹规制与出行图像，可知归义军节度使的卤簿仪仗并未僭越唐代规制。

《曹议金出行图》与《回鹘公主出行图》下部有所残损，故而乐队编制不全。五代时期鼓吹制度沿袭唐代，张议潮与曹议金均为归义军节度使，《曹议金出行图》中现存乐队图像的布局、编制与《张议潮统军出行图》十分类似，因此推测鼓吹与乐舞方队应有完全相同的编制。《回鹘公主出行图》中的舞蹈方队应与《宋国夫人出行图》相同。

值得注意的是，莫高窟出行图中鼓吹及乐舞方队的乐手皆为男性。西汉时期，鼓吹隶属黄门冗从仆射，黄门冗从之中有骑吹仪仗，因乐工为皇帝近侍，鼓吹又称作"黄门鼓吹"。据《后汉书·安帝纪》记载：

> （永初元年九月）壬午，诏太仆、少府减黄门鼓吹，以补羽林士。

可知鼓吹乐人的身份在汉代不同于普通乐伎，平时兼持兵护卫之任，且可补作羽林士。三国时期曹魏兵士特称"士家"，实行"士家制度"，世代为兵，另有士籍，不入州郡户版。从下文可见，曹魏鼓吹乐人被称为"士"，说明其隶属士籍，世代为鼓吹乐伎。《三国志·高柔传》载：

> 鼓吹宋金等在合肥亡逃，旧法，军征士亡，考竟其妻子。太祖患犹不息，更重其刑。金有母妻及二弟皆给官，主者奏尽杀之。柔启曰："士卒亡军，诚在可疾，然窃

闻其中时有悔者。"

莫高窟壁画出行图中的鼓吹与乐舞方队乐伎皆为男性，当与汉魏时期鼓吹乐人隶属军籍、兼职护卫之责的历史渊源相关。从汉至唐，鼓吹的部类多有变化，然而乐人皆由男性担任的习俗被沿袭。

自汉以来将军及诸官卤簿乐多由皇帝给赐，边郡将领有功，皇帝尝以鼓吹相赐以示嘉奖的事例多见于古籍记载。《西京杂记》注引崔豹《古今注》载：

> 短箫铙歌，鼓吹之一章，亦以赐有功诸侯。

书写于唐景云二年（711）的敦煌遗书 P.3773《凡节度使新授旌节仪》记述了唐代节度使新授旌节的仪仗规制：

> 州府伎乐队舞，临时随州府见（现）有，排比一切，像出军迎候。

由此说明将军及诸官卤簿鼓吹中的乐人有两种来源，一为朝廷给赐，二为州府固有。张议潮收复河西一道之后唐廷是否给赐鼓吹未见史籍记载。李正宇先生结合榆林窟第 12 窟供养人题记"乐营石田奴三十余人"的记载，认为《张议潮统军出行图》中的乐人应归属归义军乐营。乐营所统音乐部类庞杂，包括雅乐、军乐、燕乐杂歌舞、四夷乐、散乐、讲唱等技艺行当。《明皇杂录》卷下载：

> 每赐宴设酺会，则上御勤政楼……太常陈乐，卫尉张幕后，诸蕃酋长就食。府县教坊，大陈山车旱船、寻橦走索、丸剑角抵、戏马斗鸡。

上文所及"府县教坊"在敦煌地区即为归义军乐营，"寻橦走索"即是由乐营掌管的百戏。地方官府的音乐机构承载了教坊和太常的双重职能，无论朝廷赏赐或州府固有，鼓吹乐伎均编入乐营，由乐营使统一管理支配。

结语

敦煌归义军时期的仪仗用乐具有纪功旌德、辉光当世的政治意义，既彰显了宫廷和地方政府在礼乐规制方面的上下相通，又体现出晚唐至五代时期礼仪用乐的跨代相承。敦煌晚唐、五代出行卤簿中的鼓吹乐是唐代鼓吹部、铙吹部与横吹部的发展演变。以鼓、角主奏的鼓吹部列于仪仗前方，凸显出壮大声容、建威扬德的社会功能。乐舞方队是歌、乐、舞合一的综合艺术，其乐队编制涵盖吹奏、打击与弹拨乐器，打破了卤簿用乐仅用"鼓""吹"两类乐器的传统，乐舞表演呈现出"胡汉杂陈"的时代风貌。鼓吹及乐舞方队皆由男性乐人奏乐，是汉魏时期鼓吹乐人隶属军籍、兼职护卫习俗的孑遗。百戏、俗乐运用于仪仗乐舞中，"俗曲礼用"现象体现出仪仗用乐世俗化的趋势。敦煌归义军时期的卤簿用乐是有唐一代鼓吹乐的承继，又在音乐内容、乐舞形式方面有所创新，呈现出鲜明的时代风貌与地方特色。

（汪雪，敦煌研究院、兰州大学联合培养博士后）

求教：敦煌舞蹈中不可忽略的印度教影响

欧建平

在"一带一路"沿线的舞蹈交流史研究中，敦煌一直是我们的重点，而莫高窟则是它的重中之重——据前辈专家们统计，"以莫高窟为代表的敦煌石窟群，虽历经千年沧桑，留存至今的 700 余个洞窟仍然保存了大约近 5 万平方米的壁画和近 4 千身彩塑，其中有非常丰富的魏晋南北朝、隋唐五代、西夏与宋元时代的舞蹈形象……南区存有壁画的 492 个洞窟，几乎每个洞窟都有舞蹈形象"[1]。

笔者拟在此次国际研讨会上提出异议，并想请教诸位专家的问题是：或许由于佛教自印度传入中国这个尽人皆知且先入为主的史实，或许还因佛教与作为印度教前身的婆罗门教之间有着盘根错节的借鉴关系（比如印度教将佛祖释迦牟尼看作印度教三大主神之二毗湿奴的第九种化身），以及至今尚存的海量佛教文献中确有不少涉及乐舞的文化现象等多种原因，每当专家们讨论起印度文化对敦煌舞蹈的影响这类话题时，大都将视点不约而同地聚焦在了佛教之上，甚至形成了某种不成文的"泛佛论"，即把印度文化的一切现象和本质都与佛教画上了等号，其最典型的例证莫过于——不假思索地误将《罗摩衍那》和《摩诃婆罗多》这两部作为"印度教经典"的长诗当作印证佛教文化影响的出处，而完全忽略了印度教的深刻影响。

所幸的是，前辈舞蹈理论家叶宁先生早在她 1982 年访问印度，面对印度教在印度早已占据了统治地位，而佛教则近乎消亡这个事实时，便已清醒地发现了这个一直被忽略的重要问题！回国后，她经过认真阅读文献和比较研究之后，接连在《舞蹈论丛》上发表了《宗教·神话和印度舞蹈——访印散记之一》《雕刻舞姿欣赏一得——访印散记之二》《敦煌舞和敦煌学》这三篇论文，并明确地指出："印度的古典舞蹈从形式到内容都和印度教有着密切的联系，而和佛教艺术的关系并不是那么明显的"，"我们现在所知道的印度古典舞蹈，据我个人的粗浅分析，并非佛教艺术的产物；'三道弯'也并非印度各派古典舞的特征"，"美术家们在论述佛教艺术对中国的影响时，往往更多地注意到印度北部的希腊式的佛教艺术，亦称犍陀罗艺术，很少涉及印度民族的人体美与舞姿造型对敦煌舞姿发生变革的影响"。[2] 遗憾的是，她随后未能对这些观点进行深入细致的论证，而这些观点也没有引起舞蹈界内外专家们的重视。

为此，笔者拟以 34 年来两次前往印度考察，与印度舞蹈、音乐、美术、艺术史、博物馆、大专院校等各界专家进行广泛讨论，在研讨会上做主旨发言，并带回的大批英语文献、画册与视频为依据，以及长年拜读相关汉英文献、画册与视频，出版《东方美学》《印度美学理论》两部译著，在国内两次陪同印度艺术史学家与摄影家、印度音乐舞蹈家代表团做丝路考察并造访敦煌，一次陪同南北两派印度音乐家演奏团做巡回演出，并为其理论家口译印度音乐美学讲座，频繁接待印度著名舞蹈编导家、表演家、评论家、史学家和理论家、文化经纪人，并主持其表演、口译其讲座，共计 20 次；先后在中国艺术研究院与印度文化关系委员会联合主办的"中印比较文学研讨会""谭云山现象与 21 世纪中印文化交流——中印文化艺术界高层论坛"上做主旨发言；在中央音乐学院主办的、以印度为主宾国的"世界音乐节"上，做印度卡塔克古典舞讲座；在北京三里屯使馆区举办的"印度文化系列讲座"中，全面介绍印度的宗教、文化、民俗、音乐与舞蹈；在东方歌舞团创作演出的"敦煌舞与印度舞比较晚会"的座谈会上发言，发表大量印度舞蹈评论和论文，并多次以在北京举办的国际图书博览会上购买的印度舞蹈、服装和美学著作等学术积累和工作经历为参照，鼎力支持叶宁先生的上述见解，并斗胆对这种忽略提出补充，恳望求教于诸位方家，以便将此项研究深入地进行下去。

一、从印度官员的欢迎词中产生的思考与品鉴

1986 年 12 月，我与中国艺术研究院舞蹈研究所副所长薛天老师一道，根据中印两国文化交流协定，首次前往印度考察。记得第一天上午拜会印度文化关系委员会（ICCR）总部副主席妮娜·赛布尔女士时，她见面时的欢迎词——"热烈欢迎你们，来自佛教国家的文化使者！"让我们颇感震惊，因为我们在内心深处觉得，自己就像当年的唐僧一行那样，是去印度作为佛教发源地的"西天取经"的，可妮娜主席怎么会反过来称我们是来自佛教国家的使者呢？回国后，在细读了有关文献之后，我才知道 20 世纪 80 年代印度人口普查的结果是，信奉佛教的人口只剩下 380 万，仅占总人口的 0.58% 了，而占人口最大比例的印度教徒为 5.25 亿，占总人口的 83%。[3] 即使按照 2011 年人口普查统计出来的最新数据，有所增加的近 800 万佛教徒在印度的总人口中也仅占 0.7%。

从文献中得知，佛教作为世界三大宗教之一，相传由净饭王的儿子乔达摩·悉达多（即释迦牟尼）创立于公元前 6 世纪至公元前 5 世纪，并曾作为印度的主流文化，经由陆上丝绸之路传入中国，时间大约为 25 年至 220 年的东汉时期。但自八九世纪以后，它逐步在印度走向衰亡，诸多原因中既有佛僧日益腐败，内部派系纷争，宣扬唯有根除人欲才能解除痛苦的信条极不人道，宣称捐献财富即能换取功德，诱使佛僧们放弃苦行等内部原因，也有一些外部原因。[4]

而印度教亦称"新婆罗门教"，诞生于 4 世纪左右，晚于佛教千余年，是广泛吸收了佛教、耆那教等教的教义，以及民间信仰后演化而成的结果，并逐渐成了主宰大多数印度民众精神信仰的主要宗教。它的教义对中国的影响虽然有待研究，但它与佛教在舞蹈的语言特征与身体美学之间的区别却是显而易见的。

印度教的舞蹈大多在动作形态上或扭腰出胯、婀娜多姿，或踏地为节、恣意狂放，总体特征是手舞足蹈、眉目传情，动作的强度、速度、幅度与夸张的程度均比较大，意在通过训练有素的身体技能与严谨规范的舞蹈语言上

承伟哉天意，下传神圣天启，释放生活压力，追求灵肉合一，效仿印度教中千姿百态的 108 位神祇，更向"踏着舞步创造世界"的梵天大神和以"毁灭"为主业的湿婆神致以崇高的敬意，并最终达到净化心灵、天下太平的目的。

而佛教的舞蹈则大多是动作拘谨、行为得体、气质庄重、表情矜持的，总体特征是动作的强度、速度、幅度和夸张均比较小，旨在通过虔诚内敛的祈祷心境和静谧端庄的自省状态，追求灵魂的超脱、心灵的净化，以此取悦于佛，或双目低垂、普度众生，或闭目冥想、进入静修，尽力用八种正道消除无明，抵达涅槃彼岸，并最终实现将痛苦和绝望升华为希望、自由和永恒的目的。

让我们来仔细观赏这两类舞蹈的视频：印度教舞蹈的典型个案可举印度的古典舞六大流派之首的《婆罗多》[5] 为例，而佛教舞蹈的典型个案则可举韩国的"无形文化财"第 27 号《僧舞》[6] 为例。

潜心品鉴敦煌壁画与雕塑中的静态舞蹈形象，然后比对印度教和佛教的活态舞蹈视频，笔者认为，在敦煌的舞蹈形象中，无论是婀娜多姿、神采飞扬、随心所舞、有自恋情结的独舞，还是彼此呼应、相映成趣、长巾飘逸、对称均衡的双人舞，或者是夜夜笙箫、鼓乐齐鸣、纵情声色、歌舞升平的宏大场面，以及"密不通风"的构图美学与"充盈绽放"的繁盛景象，都与上述印度教活态舞蹈形象中激情澎湃、神采飞扬的娱神动作与鼓声催命、曲调绕梁的天国神曲之间有着深层的异曲同工之妙，尽管我们不能忽略画工们各自的宗教信仰、绘画技艺、舞蹈认知和审美意趣必然带来的肆意想象与艺术夸张。

静静地品鉴这些呼之欲出、活色生香的舞蹈形象[7]，笔者还发现了三个有趣且重要的现象：

（1）或许是壁画和雕塑各自不同的材质张力与空间属性所致，那些袒胸露背、丰乳细腰、扭腰出胯、沙丽披肩、风驰电掣、性感诱人的舞蹈形象均出现在莫高窟的壁画中，明显呈现出"印度教舞伎"的身份，并与数量更多的乐伎一道，虔诚之至地完成着"乐舞娱神"的基本功能。而雕塑则大多为体态端庄、神情各异的"佛教神祇"，其中的释迦牟尼慈眉善目，安然端坐在中央说法，而表情各异、各司其职的成对弟子、菩萨和天王则伫立在两旁，他们均欣然享受着印度教歌、乐、舞伎活色生香的精彩表演。但如果这个推论成立，笔者则想到了一个新的问题：用印度教的歌乐舞侍奉佛教的神祇这种现象合理且合法吗？至少，我们在印度从未见过这种现象，但这是否为中国佛教徒"洋为中用"主题的一种大胆变奏呢？而这种现象是否能为虔诚的印度教徒们所接受呢？

（2）在所有的乐舞场面中，无论其规模大小，大多是以舞者和舞蹈为中心或者圆心的，比如莫高窟第112窟南壁上的《观无量寿经变图》、第201窟北壁上的《观无量寿经变图》、第148窟东壁北侧上的《药师经变图》、第217窟北壁上的《观无量寿经变图》、第220窟南壁上的《无量寿经变乐舞场面》等诸多大型乐舞的画面中，左右分别席地而坐的6—28位乐师的倾力演奏，却只是为1—2位舞者提供伴奏，由此既证明了西方音乐学家认为音乐源自舞蹈伴奏、最早的乐曲为舞曲等学术观点，并再次与舞蹈一道，完成着"乐舞娱神"的终极目的，而这个现象亦可以说明，东西方文化之间纵然有着千差万别，但亦有诸多共同之处。

（3）盛大的乐舞场面中，多为独舞和双人舞，前者集中表现了才貌双全、技艺俱佳舞者的魅力，后者则以其有左有右，却无须镜像般"对称"的构图，进而将古典主义强调的秩序与安全之美，与自然"均衡"提供的生机与灵动之力融为一体，最终在气势恢宏、人神共处的天国神殿中，创造出一个天上人间和谐共处、太平盛世乐舞混融的极乐世界。

二、佛教与印度教对舞蹈截然不同的态度

佛教要求出家人必须遵守"十戒"：一不杀生；二不偷盗；三不奸淫；四不诳言；五不饮酒；六不到正当时间，不得饮食；七不用饰品香物；八不睡于宽高之床，仅得用席，卧于地上；九不得跳舞、唱歌、作乐；十不蓄金银，不收财物。显而易见，这些从肉体到精神生活的严格戒律对于大多生活在热带和亚热带、发育成熟较早的印度民众而言，是有悖其生理和心理的双重需求，进而是不得人心的，而其中的第九戒所规定的"不得跳舞、唱歌、作乐"，则是对舞蹈和音乐这两种人类直抒胸臆手段的严重摧残。不过，好在印

度人民作为一个既曾创造了古老文明，又能屹立在当代世界文化之林的伟大民族，显然在顺从自然人欲并体现理性禁欲之间找到了一种"自洽"式的平衡，不仅将其民族血脉蓬蓬勃勃地延续至今，更将其博大精深的乐舞艺术续而不断地发扬光大……

关于佛教对乐舞的态度，专事敦煌壁画乐舞研究多年的前辈专家郑汝中先生曾明确地指出："佛教本身并不提倡音乐舞蹈，因为它属于'声色'范畴，为世俗活动，系戒律所禁。"紧接着，他又列举了两部佛教戒律《沙弥戒》和《比丘戒》中的明文规定"不观闻歌舞伎乐"，进而做出了如此清晰的界定："佛和菩萨是不事乐舞的。而壁画中从事乐舞活动的，只限于供养菩萨或供养人。"[8]

笔者对郑先生的这个论断印象深刻，并据此做出如下推断：敦煌壁画中，大凡有众多乐舞伎人簇拥着某位神祇而舞的场面，理应是礼佛的场面。只可惜许多画面中心的人物形象要么全然脱落，要么模糊不清，让我们难以准确地判断出，这位欣然观赏歌舞表演，并接受万众崇拜者究竟是佛祖释迦牟尼，还是观音等其他菩萨。但接踵而至的问题却是：既然佛教"十戒"中的第九戒已明文做出了"不得跳舞、唱歌、作乐"的规定，而《沙弥戒》和《比丘戒》更提出了"不观闻歌舞伎乐"的要求，那么，笔者又要提出一个新问题了：为什么供养人能欣然允许画工绘制出这些婀娜多姿、扭腰出胯、袒胸露背、沙丽披肩、丰乳细腰、饰物遮掩，但依然带有明显印度教的色彩，进而严重违反佛法，并由此导致厄运的性感歌舞呢？

与佛教截然相反，印度教对待舞蹈的态度是非但不加禁止，反倒是"诸神皆舞"的，普罗大众翩跹起舞就更是顺理成章之举了。美国美学家托马斯·芒罗就在其《东方美学》一书中，引用过印度勒克瑙大学的美学家K.C.潘迪教授的这样一段话："绘画的种种理论根据婆罗多的舞蹈理论，强调了通过阿旃陀绘画中舞女那样的手势、面部动作和眼部表情，去表现内心的状态和审美的结构（味）。"[9] 可见舞者身体各部位的表情已被画家和美学家看成表现百姓内心情状与审美趣味的基本手段。

与此同时，人体作为舞蹈的存在方式和艺术本身，在印度古典主义美学中更是得到了这种高度的认可与充分的肯定。印度美学家帕德玛·苏蒂在其

《印度美学理论》一书中便做出了这样的概括："古典主义的诸种艺术形式都在理想的人体中达到了对普天下人们之心理的完美与和谐的表现。"[10] 作者在此所说的"理想的人体中"，以及它由此获得的"完美与和谐的表现"功能，无疑非舞者经过苦行僧般严格训练出来的身体莫属。

三、印度教的"创世说"由舞者完成

关于印度教的"创世说"，历来有多种说法，而在其最重要的两种说法中，第一种认为，世界是由梵天、毗湿奴和湿婆这三位主神创造的，他们各自拥有的功能——创造、保护和毁灭，构成了整个世界的循环往复与生生不息。而第二种说法则更开门见山，认为"世界是由梵天大神踏着舞步创造出来的"。

美国学者马丁·J. 甘农在《异域文化之旅：体悟 23 个国家的文化象征》一书中对上述两种说法做了更加细致的补充："印度在历史上有 2000 年几乎完全由印度教主宰……"其"创世说"更具体宣称，是"梵天的三步创造了大地、空间和天空。大自然的每一种面貌——人类、鸟类、动物、昆虫、树木、风、浪、星空——都是一种舞蹈的表现形式，所有这些表现形式集合在一起有一个总称，就是'日常舞'。然而大自然本身是被动的，没有湿婆的命令不能起舞。湿婆有一面决定宇宙节奏的圣鼓。湿婆就像总指挥，而'日常舞'就是万物对圣鼓的节奏作出的反应。"[11]

关于湿婆神在印度教徒心目中至高无上的地位，笔者相信，每个造访过印度这个文明古国的同人都会像笔者一样，每天清晨目睹到这样的场景：印度教徒们在袅袅香烟中虔诚祈祷的对象——象头神 Ganesha 本是湿婆神的大儿子，而像这种超大体量的动物在印度则被看作智慧与财富的象征和符号，可见舞蹈在印度教徒们的心目中，不仅地位崇高，而且充满智慧，甚至可以给他们带来财富。而纵览世界各国的舞蹈文化，笔者则惊喜地发现，只有在印度文化中，具体而言，只有在印度教的文化中，舞者才被尊崇为主神，而层层叠叠地站满印度教神庙外壁上的 108 位神祇雕塑则无一不在出胯扭腰、手舞足蹈！由此，我们便不难理解，印度的古典舞蹈缘何拥有如此强大的生命力——它不仅幸存于英国殖民主义长达 200 多年的蔑视和压抑之下，而且至今依然能够不靠政府或财团的资助，顽强地手舞足蹈，生生不息……

最后，笔者要特别感谢李宝杰副院长，代表本次国际会议组委会对笔者的盛情邀请，促使笔者在近两个月的时间里，针对 30 多年来关于印度教在敦煌乐舞中的影响的这个疑问，通过深入学习、研究、翻译个人收藏的几十本汉英双语的印度文化、哲学、美学、音乐和舞蹈的文献、画册与工具书，重温已经撰写、发表了的印度美学和舞蹈领域的成果，用心撰写了这篇论文。同时，笔者也找到了未来的研究方向，比如宏观层面上的"身体哲学在佛教和印度教中的异同比较"、中观层面上的"舞蹈美学在佛教与印度教中的异同界定"、微观层面上的"敦煌舞蹈形象中佛教与印度教的影响鉴别"，以及对"泛佛论""泛舞论"的继续推敲，对画工宗教信仰、艺术技法、夸张程度、舞蹈认知的深入探讨等，并希望在完成了手上的几个重要项目之后，尽快地返回印度求学、求教，以便解决这些有趣且重要的问题，进而为促进中印舞蹈的交流与理解做点儿力所能及的事情。

同时，谢谢诸位的耐心聆听！

（欧建平，中国艺术研究院舞蹈研究所研究员、博士研究生导师）

注释

［1］王克芬、柴剑虹：《箫管霓裳：敦煌乐舞》，甘肃教育出版社 2007 年版，第 2、5 页。

［2］叶宁：《舞论集》，中国戏剧出版社 1999 年版，第 86、72、89 页。

［3］参见世界宗教研究所《各国宗教概况》编写组编《各国宗教概况》，中国社会科学出版社 1984 年版，第 70 页。

［4］参见黄心川《印度哲学史》，商务印书馆 1989 年版，第 262—265 页。

［5］［Ind.］Berkeley Hill, Vazhuvoor Ramaiyya Pillai, Kumari Kamala, Bharata Natyam, Documentary Films of India, 1975.

［6］［Kor.］Jung Je Man, Collection of Korean Traditional Dances, SukMyung Women's University, 1999.

［7］参见孺子莘主编《中国石窟寺乐舞艺术》，人民音乐出版社 2009 年版，第 274、272、266、254、242 页。

［8］郑汝中：《敦煌壁画乐舞研究》，甘肃教育出版社 2002 年版，第 73 页。

［9］［美］托马斯·芒罗：《东方美学》，欧建平译，中国人民大学出版社 1990 年版，第 26 页。

［10］［印］帕德玛·苏蒂：《印度美学理论》，欧建平译，中国人民大学出版社 1992 年版，第 6 页。

［11］［美］甘农：《异域文化之旅：体悟 23 个国家的文化象征》，黄华光、徐力源译，当代世界出版社 2004 年版，第 69—70 页。

敦煌舞教学实践与剧目编创研究

武心怡　王紫宁

敦煌，地处我国古丝绸之路的西部要塞，早在数千年之前，敦煌古沙州已成为中西交通要道；如今，在 21 世纪"一带一路"倡议下，敦煌再次成为世界焦点，继续履行着东西方交汇、融合、创新之使命。

敦煌舞，取材于中国系统的古代乐舞图像——敦煌壁画，45000 多平方米的静态舞姿图像为敦煌舞的"复活"提供了前提。20 世纪后期，我国舞蹈工作者潜心研究，依据敦煌壁画中的舞姿动势和审美取向，开创了敦煌舞。如今，敦煌舞已经成为"中国古典舞"体系建设中一个必不可少的学派，它扩充了中国古典舞的内涵和外延，既增添了"古"的历史感，又见证了"今"的中国古典舞蹈重建之辉煌。

一、敦煌舞的发轫及教学体系的建立

敦煌舞蹈首次呈现于人们的视野是在 20 世纪 50 年代，距今也已 70 余年了，敦煌学派的诞生，走了一条不同寻常的路。

（一）从舞蹈作品中诞生的敦煌舞

一般来讲，舞蹈作品的编创，首先源于其训练元素与基础动作的确立，而敦煌舞却是个例外。1954 年，时任第一届北京舞蹈学校校长、第一届全国舞协主席等诸多头衔的戴爱莲先生凭借对敦煌壁画的审美和认知，编创了首个表现敦煌壁画的女子双人舞《飞天》，徐杰、资华筠两位演员手持长绸旋转飞舞，飘逸灵动，通过道具和空间的变化营造了"飞"的动势和"动"的气韵，这是我们首次在舞台上看到敦煌题材的舞蹈。1979年，由甘肃省歌舞团编创的首个大型民族敦煌舞剧《丝路花雨》横空出世，该剧以举世闻名的"丝绸之路"和"敦煌壁画"为题材，借用敦煌壁画的经典舞姿和丰富的民族化表达，塑造了鲜活的人物形象，以小窥大，表现了我国盛唐时期的历史全貌，传递了我国与世界各族人民和谐友好的传统，《丝路花雨》是敦煌舞历史上非常重大的转折点，它开创了一种全新的表达方式，且受到世界各地的关注和认可，与此同时，敦煌舞这一学术名词及流派就此确立。同年，时任甘肃省舞蹈家协会主席、甘肃省艺术学校校长的高金荣老师开始研究"敦煌壁画"及"敦煌舞蹈"，寻求建立具有中国古典审美及艺术特色的敦煌舞体系，舞蹈界对于敦煌舞的系统研究就此展开。

（二）敦煌舞教学体系的建立

早期的舞蹈作品虽说为敦煌舞的传播奠定了基础，同时也培养了部分表演人才，但高金荣老师认为：敦煌舞要作为一个流派、舞种来建立，首先需要教材和人才。只有教材确立了，敦煌舞才能真正摆脱"无本之木"的状态，在我国舞蹈教育体系中才得以立足。

1979年9月，高金荣老师亲赴敦煌研究学习，敦煌壁画所承载的文化底蕴非常深厚，上千年的历史时光在壁画中流淌，面对这样一个庞大复杂的系统，寻求其"共性"并非易事，高老师通过临摹壁画、入窟详观，整理了数十万字的笔记，最终确定了研究思路：将不同时期敦煌壁画的舞姿进行归类、分析、总结，从45000多平方米的图像中提取出"典型化"的外部特征，紧抓舞姿的风格特点，将其拆解为训练元素，单一训练后再解构、整合。1981年，其初期的研究成果首次以教学组合的形式呈现，并得到了相关专家的一致认可。随后，高老师在教学实践中不断校正理论框架、丰富训练教材，于2002年出版了《敦煌舞教程》一书，作为敦煌舞第一本系统的训练教材，董锡玖先生盛赞：此书标志着中国古典舞敦煌学派的诞生！

随后，另有三本敦煌舞教材陆续出版，2009 年，由 1979 年版《丝路花雨》第一代"英娘"扮演者贺燕云老师著的《敦煌舞蹈训练与表演教程》出版，2012 年由 1979 年版《丝路花雨》第 3 代"英娘"扮演者史敏老师著的《敦煌舞蹈教程：伎乐天舞蹈形象呈现》出版，2014 年由西北民族大学舞蹈学院副院长孙汉明老师主编的《敦煌舞男班教程》出版。以上三本教材侧重点各有不同，笔者研究生期间曾选修过贺燕云老师的敦煌舞课程，她的教学十分强调舞姿的静态美和流动的动态美，完成组合时更是强调将内在的心境外化为动作，表演细腻、身心合一、韵味自成；史敏老师的教材重点从伎乐天舞姿入手，她选取了敦煌壁画中最具特点的 36 个舞姿，以舞姿为点，从壁画的静态呈现向动态转化，舞蹈造型感极强；孙汉明老师填补了敦煌舞男班训练教材的空白，他承续了高金荣老师的编创思维，从元素到动作、从组合到道具，循序渐进、由易到难，强调教材的系统性。

以上四本教材初步建构了敦煌舞的教材体系，目前也均应用于高校的课堂实践中。由于西安音乐学院舞蹈系与高金荣老师在教学实践上的传承，我们在下文中所提到的"敦煌舞"，均出自高金荣学派，教学所使用的教材，也是目前最受学界认可的由高金荣老师著的《敦煌舞教程》一书。

二、敦煌舞教学实践研究

为了让学生更好地掌握敦煌舞的风格，在《敦煌舞教程》这本教材中，高老师将教学内容分为元素训练、基本动作训练、性格组合训练三部分。按其教学大纲，完成以上全部教学内容，共需 980 个课时，在本科生四年的教学时长中均有所涉及。但敦煌舞作为多数院校的一门选修课，其上课时长多为 1 学期、36 学时，此时对教学内容的筛选和简化就显得尤为重要。多数老师考虑到课时的有限性，会选择直接教授组合，通过组合让学生掌握敦煌舞的风格，并尽可能多地展示教学内容，起初我们也是这样做的，但教学效果不尽如人意。

西安音乐学院舞蹈系青年教师王紫宁是高金荣老师带的最后一届硕士研究生，研究生三年跟随高老师参与了关于敦煌舞采风、教学、展演、学术交流等活动，积累了一定的教学和实践经验，自 2017 年入职以来，王紫宁老师一直从事敦煌舞的教学实践工作。通过近三年的课堂实践，我们发现：无论课时多少，通过教学组合直接教授敦煌舞的方式不可行，组合的学习只是外在动作和形态的掌握，而敦煌舞最重要的"风格性"特征则必须通过"元素"训练加以强化，以曲线元素中的三道弯舞姿为例，学生在进行敦煌舞三道弯的训练时，非常容易与其他舞种的三道弯混淆，但敦煌舞的三道弯在部位、方向、角度上均有所不同，孙汉明老师曾述：在敦煌舞教学中，学生要把三道弯体态从有意识转变到无意识，需要一段时间训练才能自然而然地将体态与舞姿融为一体。确实，要让学生摆脱曾经的身体记忆形成新的动力定型，需要大量的重复性训练，这是必须攻破的难关，也是掌握敦煌舞风格的关键。

因此，我们重新梳理了教学思路，确立了"点、线、面"三结合的教学理念，所谓"点"，即是要素，我们初步确立了眼神、呼吸和曲线三大要素，这是掌握敦煌舞基本风格和内在韵律的关键；所谓"线"，是指元素和动作的结合，例如在训练呼吸时，往往会加上上身的移动、手臂的动作，在训练曲线时，往往会加上脚位和步法，使其成为一个整体造型；所谓"面"，是指将元素与动作、上身与下身整合后达到的能够自如运用肢体准确做出具有敦煌舞特点的舞姿，即具有画面感的舞蹈造型。"点、线、面"的教学以"点"最为重要，尤其是对于"敦煌舞"这种极具内涵与寓意的古典舞蹈来说，内在的神韵比外在的形态更加凸显其风格与本质。外在的"形"指以身体的肋、胯、膝三点遵循横向移动的主要动势塑造出独特的 S 形（见图 1）、Z 形（见

图 1　S 形体态（莫高窟　　图 2　Z 形体态（莫高窟第 272 窟 天宫伎乐 北凉反弹琵琶 中唐）
　　　　第 112 窟）

图 2）舞姿，通过直观动态性区别于其他舞种；内在的"神"是内心对于角色理解的外化，在内心不断揣摩感受人物形象的基础上，将这种理解渗透于通过面部情绪和呼吸的点滴之间，从而使舞者真正融入角色之中：或是端庄慈爱的佛，或是曼妙灵动的伎乐飞天，正所谓"相由心生——内有所想，相有所现"，"形神兼备"是"敦煌舞"飘逸灵动于舞台的关键，也是我们掌握祥和、内敛之"风格"的教学重点，因此，我们认为，至少一半的课时量应关注于元素的教学，以下三点正是我们在课堂教学"元素部分"的经验和总结。

（一）眼神训练

舞蹈是一种直观的动态性艺术，演员是观众直接感受的审美对象，演员的一颦一笑、一举一动都会成为某种"有意味的形式"，对于敦煌舞这一饱含宗教色彩的舞蹈，演员的面部更须谨慎和细致。经过近三年的教学实践，笔者发现，学生对于眼神的掌握不尽如人意，单一的训练可以完成，一旦进入组合训练，对于人物的塑造眼神便显得"干瘪"，为了解决这一难点，笔者在眼神训练之前加入了创新性的眉毛训练，通过眉毛的运动形态带动眼睛，提高面部的"灵性"。

1.眉的单一训练

眉毛的形态在敦煌舞表演过程中十分重要，它可塑造生动且有所指的面部表情，提升表演的感染力，在近三年的教学过程中，笔者发现学生很容易忽视眉的存在，或许是其他舞种缺少对眉毛的训练，而对于敦煌舞这一具有浓厚宗教色彩的舞蹈形式，眉毛的形态就显得尤为重要，根据人物性格，我们可把眉毛分为半圆形眉毛（见图 3）和立眉（见图 4）。半圆形眉毛：双眉上挑时面部会呈现喜悦安详的状态，这一类眉形多用于表现菩萨、伎乐等形象；立眉：双眉向眉中心紧锁，使眉毛外侧两端向上提起，这类眉形会使面目呈现忿怒或者哀伤的状态，此类眉形比较适用于男子形象的金刚力士等。眉的训练需对镜慢慢练习，以解决一高一低或线条不流畅等形态问题。

图 3　半圆形眉毛　　　　　　　　图 4　立眉

2.眼的单一训练

眼神主要包括四个方向：平视、下视、侧视、上斜视（见图 5）。将眼神的方向连接起来，便成为眼的运动路线，敦煌舞最为独特的眼神为"弧线眼神"，弧线眼神要求线条平滑，不能有顿挫感（见图 6），弧线眼神一般用于菩萨这一形象。除此之外，敦煌舞也有运用中国古典舞"亮相""环视"等基本眼神，而"亮相"多用于诠释伎乐或金刚。

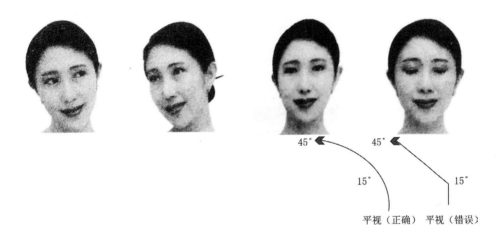

图 5　眼神的四个方向（图片采自高金荣的　　　　图 6　左斜上弧线眼神
　　　　《敦煌舞教程》第 9 页）

一般来讲，训练元素都应是单一的，而敦煌舞却是个例外，其眉眼需配合角色定位进行训练，即"线"的练习：半圆眉加斜下环视，形成端庄、慈爱的菩萨面容；立眉加亮相，形成金刚力士的面容（见图 7）；半圆眉加斜上环视，可用于飞天的典雅；半圆眉加亮相可用于伎乐的灵动，莲花童子的俏皮、纯真（见图 8）。

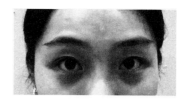

图 7 立眉 + 亮相　　　　　　　　图 8 半圆眉 + 亮相

（二）呼吸韵律

高金荣老师曾说："一种舞蹈风格的形成，不仅是舞姿特点，重要的是其起承转合的整个动作过程。"舞蹈动作如何进行起承转合，标志着这一舞种独特的韵律和风格，而要把握好敦煌舞的内在动律，呼吸的训练是必不可少的过程。高金荣老师通过"敦煌壁画"与佛教的关联找到灵感，感受到气息韵律下沉深邃的感觉，其慢速深沉的呼吸要略带顿挫感，因此，敦煌舞的呼吸不同于中国古典舞身韵连贯且持续的气息，而是采用"两次呼吸法"——吸、吸、吐、吐，这也是敦煌舞最为重要的风格之一。

两次呼吸法不同于任何一个舞种，学生需掌握每次呼吸的速度、力度甚至是气息停留的位置，同时注意在顿挫中有连贯、在延伸中有停顿。吸气训练时，两次吸气不断向上延伸，学生容易在吸第二下时身体后仰，形成胸部前挺塌腰的体态，为了避免这样的错误，我们可采取学生之间两人一组背靠背，从背部的贴合至第二次吸气时两人背部尽量不要分开，一起感受气息上提时身体向上伸展的过程；吐气训练时，第一次吐气时吐到胸腔，只注重气息的停顿，身体不做大的变化，第二次深吐的时候身体再做变化，不是刻意变动身体的曲线，要感觉气息下沉的时候慢慢将形态挤压出来，做到极致，这种被动的舞姿形态很难掌握，尤其是当呼吸的训练由慢变快，同时与身体韵律、上肢动作配合进行"线"的教学时，对舞者的挑战更为巨大。

（三）肢体曲线

肢体的多曲线，是敦煌舞独有的特点，往往需要在舞动的过程中迅速变换不同的曲线。敦煌舞肢体曲线主要有 6 种：柔和的小曲线、直角的三位体式曲线、四道弯曲线、五道弯曲线、拧身曲线、S形大曲线（见图9）。这些曲线都来源于敦煌壁画乐舞场面所提取的典型舞姿形象，因敦煌壁画"天乐"的非写实性，其舞姿与曲线均不同于常态，我们在模拟时会觉得很别扭，与其他舞种的身体曲线相反或身体角度有异。

图9　六种曲线的基本形态（图片采自高金荣的《敦煌舞教程》第15页）

　　肢体曲线首先应通过分解部位进行练习，站立式练习肋的移动：前、后、左、右（见图10），此部分练习应保证双肩的高度一致，避免出现单侧耸肩或一前一后的情况；站立式练习胯的移动，在身体其他部位保持不动的情况下，胯的左、右移动尽可能靠近手的位置（见图11），尽量平移，以保证骨盆不要侧倾；站立式膝盖的练习，膝部可环动360°练习柔韧性，再通过与胯部、肋部的配合练习肌肉的控制力和舞姿的稳定性（见图12）。

图10　肋的移动

　　曲线部位一定要从分解练习开始，分解是为了更好地整合，只有在每个部位都能够灵活且自由地运动，肌肉能够有效控制舞姿稳定之后，

图11　胯的移动

再整合练习会有事半功倍的效果。曲线练习中重心是关键，学生在模仿身体曲线时，容易出现"顺边倒"的重心问题，这与舞者的身体惯性有关。同时，敦煌舞不同于芭蕾舞，在芭蕾基训中，我们的身体线条是直立、延伸的，完成动作也更习惯于这

图 12　膝盖练习

样的肌肉运作，但敦煌舞的多曲线会使得我们在完成旋转、跳跃等动作时重心不稳，肋、胯、膝的能力训练是敦煌舞形成舞姿和完成技巧的保证。因此，"点"的分解练习是基本，在分解练习时打破动力定型、解决重心问题、锻炼身体各部位肌肉的柔韧性和稳定性，进而通过"线"和"面"的练习塑造多曲线的敦煌舞蹈。

余秋雨先生说：看莫高窟不是看死了 1000 年的标本，而是看活了 1000 年的生命。莫高窟 45000 多平方米的壁画虽然是静止的，但其"不鼓自鸣"的意境意蕴却令人动容。三个基本元素的训练，绝不仅仅是培养敦煌壁画的模仿者，更重要的是，将壁画中那种情致韵味透过演员的身体表达出来。通过两年的教学实践，我们改变了单一教授组合的思路，以"点、线、面"的教学理念，从最为重要的元素入手，分解练习后整合练习，调整了教学步骤、创新了教学方法，以期帮助学生更加快速准确地掌握敦煌舞的基本风格。

三、敦煌舞剧目编创研究

如果说课堂教学是个过程的话，那么剧目就是该过程的结果，所有的单一训练、元素训练都是为剧目的完成做准备。一方面，剧目可以检验课堂教学的水平；另一方面，剧目也作为桥梁连接了观众与舞者，观众对于剧目的理解和鉴赏会直接推动这一舞种的前进和变革。在《敦煌舞教程》一书中，"性格组合训练"是最后一部分教学内容，有 5 个性格组合，包括了五种不同

的形象和气质，然而，这并不是敦煌舞的全部，高金荣老师也十分支持对教材的创新，通过元素和基本动作的学习编创出更多的性格组合或表演剧目，可有效地扩展敦煌舞的表现范围。

对于一个以舞蹈编导为主的教学院系来说，学生学习到的素材主要为舞蹈作品的编创服务，近两年，通过敦煌舞教学实践的积累，我们整合素材，新编教学剧目《九色鹿》和表演剧目《觉·菩提》，这两部作品均在一定程度上创新了敦煌舞的动作语汇和表达方式。

（一）教学剧目《九色鹿》

《九色鹿》是王紫宁老师编创的一个教学剧目，其取材于敦煌莫高窟第257窟壁画中"九色鹿"的形象（见图13），相传"九色鹿"是释迦牟尼的前身，它在江边救助溺人，并向国王控诉忘恩负义的小人，不向邪恶屈服，最终以大爱赢得了世人的尊重，具有浓重的宗教色彩。

图13　敦煌莫高窟第257窟《鹿王本生图》

《九色鹿》的编创顺应故事本身的面貌，提取敦煌舞训练教程中可用的元素及基本动作，将其提炼整合为典型化形象——"鹿"。该组合主要运用了敦煌舞十六种手势中的"鹿角式"（见图14）、五个脚位中的"四位"脚位（见图15），以及身体重心前倾来塑造"鹿"的基本形象，同时通过动作的不同特质区分"小鹿"和"鹿神"。"小鹿"主要运用单脚训练中的"小靠腿""勾

图14　"鹿角式"手势

脚交叉腿""勾脚侧吸腿"（见图16）三种脚位，结合点、踏、吸、提的脚下动势表现出"小鹿"这一形象轻巧可爱、灵活善动的特点（见图18）；"鹿神"则需表现出一种稳重、端庄、祥和的状态，上身和脚下的动作需更流畅延展，组合中主要运用了步法里的"大斜步"（见图17）、单脚训练中具有流动性的"大靠腿"（见图16）和大Z字形体态，突出了敦煌舞多棱角多曲线的风格，更为重要的是，运用顿挫的呼吸配合，更加形象地体现出"鹿神"的神韵与气质（见图19）。

《九色鹿》只是一个将元素、动作叠加形成训练组合的初步尝试，动作及作品输出都凸显了"原生性"，单一、直接的训练方式使其作为课堂教学的一部分十分合适，同时这个剧目也教会学生在编创的

图15 "四位"脚位

小靠腿1　　　　小靠腿2　　　　大靠腿　　　　勾脚交叉腿　　　　勾脚侧吸腿

图16 几种脚位

图17 "大斜步"步法（前进、后退步法）

（图14至图17分别出自高金荣的《敦煌舞教程》第19、45、50、86页）

图 18 "小鹿"形象

图 19 "鹿神"形象

时候如何有效运用课堂所学内容诠释舞蹈形象。笔者曾于 2018 年 12 月针对此教学剧目拜访过高金荣老师,高老师认为,组合的编创很不错,能够看到敦煌风格,但"鹿"灵动的效果需再多一些,可通过典型化动作、丰富的表情、生动的体态来强化"鹿"的形象,尤其是"小鹿"的快板部分,从而使得"九色鹿"的形象更加逼真生动。

(二)表演剧目《觉·菩提》

《觉·菩提》是舞蹈系师生于 2018 年共同创作的一部剧目。2015 级编导专业学生在学习了一年的敦煌舞课程后,对敦煌舞的内在品质和外在形态都产生了更深入的理解,《觉·菩提》这个作品正是他们结合舞蹈编导的技法创作的在内容与形式上均有所突破的作品。

《觉·菩提》取材于敦煌壁画中的马头观音像(见图 20),马头观音是六观音之一，三面八臂、三目圆睁、獠牙外露，降伏三界恶魔，震慑一切阻碍众生运行的魔障。该作品将"三面观音"这一形象特点提取出来，恶人眼中，菩萨呈现出金神七煞相；平常人眼中，菩萨呈现嗔怒之相；善人眼中，菩萨呈现慈眉善目之相。不同于以往作品中对观音的歌颂和赞美，《觉·菩提》选择将观音的"忿怒相"表现出来，慈悲与忿怒共存、善与恶并行。

图 20　马头观音像

　　《觉·菩提》的编创在传统与现代之间寻求一种融合，所谓传统，是指作品的选材、元素、动作均具有鲜明的敦煌风格，与我们在课堂上所教授的基本内容相近。但其更重要的创新点主要表现在现代的编创技法上，如舞蹈动作的解构与重构、舞蹈调度、构图的空间衍变、蒙太奇式的画面造型、视觉节奏与听觉节奏的转变和对比等方面。

　　《觉·菩提》可分为三部分。首段——慈悲相：作品起始，9 位演员在宁静祥和的音乐中静止于舞台之上，亘古的历史时光瞬然显现，随后经由呼吸缓缓带动肢体，形成一个个错落有致、形态各异的舞姿，用蒙太奇的视觉效果进行调度，待群舞散开，两男一女形成了"三面观音"（见图 21），作品的开头通过拟人的手法讲述了石头的雕刻过程，凸显了"三面观音"的慈悲相；中段——"忿怒相"，音乐戛然而止，从宁静祥和中骤然变化，舞台灯光由安逸的蓝色瞬间转变为激烈亢奋的红色，演员动作力度加大、舞台调度快速转变、视觉空间无限延伸（见图 22），凸显了"三

图 21　《觉·菩提》首段"三面观音"

面观音"的"忿怒相"及对世人的震慑，但此段的舞步和配合稍显凌乱，快速变化的鼓点和音乐带给舞者们更大的挑战；尾段——"幻生相"，宁静祥和的音乐再度映射着人世间的美好，队形调度主要通过竖线衍变，在"三面观音"形象的基点上，不断幻生出新的启示，又不断归于平和统一（见图23），作品在这种祥和的基调上结束，运用传统与现代相结合的方法将"善"与"恶"同时呈现于舞台之上，在刻画"人"与"佛"之关系的同时，立足当下，表达着我们对于善恶、人性、因果的见解，营造了"物我合一、虚实相生"的艺术意境。

该作品于2018年10月参加了第六届"陕西舞蹈荷花奖"大赛，入围决赛。笔者也于2018年12月针对该作品，访谈过高金荣老师，高老师看后评价：作品的编创很不错，初看有祥和、神圣的感觉，但作品究竟想表达什么，依据是什么，内涵又是什么，不甚清楚。如果说想要表达"三面观音"的

图22 《觉·菩提》中段"忿怒相"

图23 《觉·菩提》尾段"幻生相"

"善"与"恶",作品当中并没有很好地体现出来,运用现代的手法进行编创没有问题,但容易让人看不透彻,从而使得作品主题不够突出,在运用现代手法进行编创的同时,一定要注意敦煌舞本身的韵味,通过敦煌基本元素继续加强作品的"敦煌风格",同时更加细致深入地刻画作品主题,才能使得这个作品更加饱满和生动。

以上两个剧目正是我们在敦煌舞编创领域的初次尝试,遵循教学剧目与表演剧目不同的目的和特点,运用不同的手法进行呈现,虽尚有不足,但对于扩大敦煌舞的表现范围、创新敦煌舞的动作语言都是有所助益的。同时我们也认识到,敦煌舞的编创最为重要的是其"风格性"的展现,在当下众多"古典舞蹈""古代舞蹈"的冲击之下,通过内在神韵彰显外在形态,编创出"正宗有意蕴"的敦煌舞尤为关键。

四、结语

传统之于现代,是历史;现代之于传统,是现象。传统文化的现代转换是我们关注的焦点,"敦煌壁画"作为历时千年的传统文化,我们正在寻求符合当下意识和审美的现代转换,敦煌舞作为舞蹈界创造的一个有史可鉴的舞种,正以其独特的风格和韵味彰显着我国的文化自信。如今,敦煌舞已成为"中国古典舞"体系架构中十分重要的学派之一,结合当下舞蹈发展规律及高等教育现状,将敦煌舞落实到课堂教学实践中势在必行。西安音乐学院舞蹈系作为较早一批将敦煌舞确立为学术特色并应用于教学实践的单位之一,近年来,我们一直探索寻求合适的教学方法与手段,在教学上深入挖掘敦煌舞的风格性,结合我系"舞蹈编导"专业特色,在传统与现代的对峙中,重点寻求作品编创上的突破。

正如著名的敦煌学者、画家潘絜兹先生在观赏敦煌舞表演后赞诗道:"佛国仙姿妙入神,人间凡舞莫比伦。世尊当悯众生苦,特教薪传娱万民。"[1]千年历史的敦煌、美轮美奂的乐舞、流转瞬变的时空、永恒慈悲的大爱。敦煌舞将继续以它独特的历史价值和审美价值永远流传下去!

（武心怡，西安音乐学院舞蹈系讲师；

王紫宁，西安音乐学院舞蹈系助教）

注释

[1]高金荣:《敦煌石窟舞乐艺术》，甘肃人民出版社 2000 年版，第 121 页。

"一带一路"乐舞研究中的满族"庆隆舞"形态考证

胡　博

　　清朝宫廷乐舞中，真正具有满洲特色的乐舞是筵宴乐舞，它包括两部分：四裔乐舞和队舞。四裔乐舞共分为八部，有蒙古乐、回部乐、金川乐、缅甸国乐、瓦尔喀部乐、高丽国俳乐、廓尔喀乐、安南国乐。这部分乐舞是来自少数民族和外国的乐舞，它们构成了宫廷乐舞中一道颇具民族和地域特色的亮丽风景，也体现了清朝统治者怀柔四方的政治策略。筵宴乐舞中的队舞分为三部，这三部乐舞是清宫廷乐舞中满洲乐舞的典型。

一、满洲宴飨队舞的构成

（一）庆隆舞

　　庆隆舞是清宫廷最具满洲代表性的乐舞，在宫中庆贺宴会场合中使用。"凡殿廷朝会宫中庆贺宴飨皆用之"，是由民间莽势发展而来的，分为扬烈舞和喜起舞，前者是武舞，后者是文舞。

（二）世德舞

　　世德舞，"宴宗室用之"。乾隆八年（1743），乾隆帝首次巡幸盛京，恭谒祖陵。为追思先祖功绩，亲撰世德舞十章，依喜起舞之形制，沿用庆隆舞曲。

谒陵礼成后，由 18 名队舞大臣于崇政殿筵宴时表演，后成为定制。乾隆四十八年（1783）清廷又增撰世德舞歌词九章，并在乾清宫表演了配上九章新词的世德舞，据称场面盛世宏大，周汉以来未曾有过，如此可以见得，世德舞在清朝乾隆时期的盛况。

（三）德胜舞

德胜舞，"凯旋筵宴用之"。在庆贺出征凯旋的宴会上使用。乾隆十四年（1749）平定金川，为欢迎平定金川的将士凯旋，赐宴并制德胜乐舞。德胜舞是保卫边疆的乐章，新撰德胜舞歌词，庆隆舞乐曲伴奏伴唱，由 18 名队舞大臣着朝服按仪节所舞。舞蹈人数与喜起舞相同，舞蹈形式也是两队前进对舞，因而常被理解为同一乐舞的不同名称而已。它是在皇帝进馔赐凯旋大臣酒毕，中和清乐停止后表演。此舞是庆祝战功与胜利的，因此应是欢快而热烈的。

二、"三舞同制"说

乾隆八年，制定宫廷"莽式"为"庆隆舞"。同年，制世德舞；乾隆十四年，制德胜舞。依据《清史稿》中的记载，世德舞、德胜舞、庆隆舞"三舞同制"。除庆隆舞外，观其记载世德舞、德胜舞的历史文献可以看出，二舞在不同的场合创作而成，分别新撰歌词，但所采用的乐曲都是庆隆舞乐。那么，所谓"同制"，应该理解为三舞所用的乐曲。而表达内容的歌词、表达意境的舞蹈语汇和表演场合却不相同。世德舞用于筵宴宗室，歌词内容主要为追思悼念先祖的功绩；德胜舞用于凯旋筵宴，歌词内容主要为称颂战绩；庆隆舞用于廷殿朝会、宫中庆贺，歌词内容主要为当朝皇帝歌功颂德。因此，"三舞同制"说，不免显得有些笼统和片面，还需今后深究考证。

三、庆隆舞探析

在清宫廷的众多乐舞中，庆隆舞一直为清朝统治者所重视，列为筵宴乐舞之首。因其源自民间且独具满洲特色，这在一定程度上满足了清朝统治者欲竭力保持满族习俗的需要。另外，它所表现的英勇骑射，在某种程度上，也恰巧吻合了统治者追忆先帝功业，为其歌功颂德的理想。

（一）从"莽势"到庆隆舞

"满洲有大宴会，主家男女更迭起舞，大率举一袖于额，反一袖于背，盘旋作势，曰莽势。中一人歌，众皆以'空齐'二字和之，谓之曰'空齐'。"这是清朝流放到宁古塔地区的杨越之子杨宾，在探视其父回乡后所著的《柳边纪略》中对满洲舞蹈的描述。和杨宾有着同样遭遇的流人吴兆骞之子吴桭臣所著的《宁古塔纪略》，其中也有关于满洲舞蹈的记载："满洲人家歌舞名曰莽势。有男莽势，女莽势，两人相对而舞，旁人拍手而歌。每行于新岁或喜庆之时，上于太庙中用男莽势礼。"从中可见，"莽势"为男女对舞，"空齐"为歌，民间的莽势舞，是一种歌舞结合的"舞乐"。而且这种舞蹈非常受人们的喜爱，清人杨宾有诗云："马闲青草后，人醉晚风前，莽式空齐曲，逍遥二十年。"道出了莽势在当时的盛行之况。

清入关之初，莽势（玛克式）在宫廷中也十分盛行。史载圣祖玄烨曾在宫中亲自起舞：康熙四十九年（1710）正月，孝惠皇后七旬万寿。"又谕礼部曰：玛克式舞乃满洲筵宴大礼，典至隆重。故事毕王大臣行之。今岁皇太后七旬大庆，朕亦五十有七，欲亲舞称觞。"是日，皇太后宫进宴奏乐，"上前舞蹈奉爵，极欢乃罢"。可见，康熙皇帝本人也会跳莽势，莽势无论是在民间还是在宫廷都被满洲人喜爱。

乾隆八年（1743）九月，高宗东巡狩至盛京，仪仗具，马上鼓吹引导乐，翌日设丹陛大乐于两乐亭（今故宫门前尚存，两个不大的乐亭），礼部设龙亭（皇上坐的地方），置庆贺表，用导迎乐。上御崇政殿，升座，奏中和韶乐奏"元平"，诸王大臣行礼，宣表，丹陛大乐奏"庆平"，朝鲜陪臣贺丹陛大乐奏"治平"、颁诏、赐茶中和韶乐奏"和平"。这些"元平""庆平""治平"等乐章均用"平"字，意在"我朝削平寇乱，以有天下，宜改用'平'字"的意思。在崇政殿所奏乐章和在太和殿筵宴所奏相同。就是在乾隆这次东巡时，改"玛克辛式"为庆隆之舞，同时又增世德之舞。"玛克辛""莽势"皆为满洲语舞蹈的意思，这次也改为汉族吉祥词汇"庆隆"之舞了。庆隆无外乎选用"庆祝""隆平"这样喜庆的汉族字眼。满洲的舞蹈从此披上了汉族的名字。

（二）历史文献中的庆隆舞

庆隆舞分为文舞和武舞两部分，大臣起舞上寿为喜起舞，是为文舞；内分大、小马护为扬烈舞，是为武舞。

在《大清会典》中有详细的记述："庆隆舞，司章十三人，以八旗护军校等选充。冠冬冠。服蟒袍豹皮端罩。夏冠纬帽去端罩。从右翼上，先立殿外。东向，歌庆隆之章。人四句一易。进退迭奏。扬烈舞先上，歌至四章扬烈舞退。礼部官领由右阶趋至殿右门，迭更入殿立右旁。续歌乐章如前。喜起舞大臣同时入殿中对舞。舞毕乐章亦毕。礼部官仍领出由右阶下。司节十六人，分左右两翼并上。翼各八人，北向立司章之下。冠冬冠。服石青金寿字袍，豹皮端罩。夏冠纬帽去端罩。左手持节若箕。右手持圆竹若箸。划箕作声。与乐章及各舞相为节奏。司章趋上时。礼部官亦领司节分左右趋上阶至。殿门外两翼北向立。司章下司节随下。皇帝三大节筵宴并殿庭各筵宴皆用之。"

又记"扬烈舞，司舞八人，以八旗护军。领催马步军等选充。介胄骑禺马。弓矢囊鞬具象。八旗各一人。按旗色分左右两翼上。至殿外丹陛。北向一叩头。周旋驰逐。服黄画布套者十六人。服黑羊皮套者十六人。各戴面具。跳跃掷倒象异兽。骑禺马首一人张弓扣矢向一巨兽。巨兽舞刀枝梧。巨兽受矢。群兽慑服。咸退象武成""喜起舞。队舞大臣二十二人。以侍卫充。朝冠朝服。释补服。悬朝珠朝带佩帉佩刀入殿。北向三叩头。少退。东边西向立。以两为队。进前对舞。每队舞毕。三叩头。退。次队复进。更舞如仪。"

类似的记叙在《钦定大清会典事例》中也有描绘。"乐奏庆隆之章，戴面具人上，各跳跃掷倒象异兽。骑禺马人各衣甲胄带弓矢分两翼上，北面一叩兴，周旋驰逐，象八旗。一人射，一兽受矢，群兽慑伏，象武成。""队舞大臣上，入殿内正中三叩兴，退立于东边西向，以二人为一队，进前对舞。每一队舞毕，复三叩。退。次队进舞如前仪。"以上所谓队舞即喜起舞。关于清代宫廷舞蹈的名称，还有以下记述："乾隆八年奏定，筵宴各项乐舞名色，蟒式总名庆隆舞。内分大小'马护'[1]为扬烈舞。扬烈舞人所骑竹马为禺马，所戴马护为面具。大臣起舞上寿，为喜起舞。"

昭梿在《啸亭续录》中曰："国家肇兴东土，旧俗所沿，有喜起庆隆二舞。凡大燕享，选侍卫之猥捷者十人，咸一品朝服，舞于庭。除歌者，豹皮褂貂帽用，国语奏歌皆敷陈，国家忧勤开创之事。乐工吹箫击鼓以和，舞者应节合拍，颇有古人起舞之意，谓之喜起舞。又于庭外丹陛间，作虎豹异兽形。扮八大人骑禺马，作遂射状。颇沿古人傩礼之意，谓之庆隆舞。列圣追慕，祖德至今除夕、上元筵宴皆沿用之，以见当时草昧缔构之艰难也。"以上所述形象在《大清会典》图例中皆可见到。

另有清人姚元之在所著《竹叶亭杂记》中曰："庆隆舞，每岁除夕用之。以竹作马头马尾彩缯饰之，如戏中假马者。一人躧高跷骑假马，一人涂面，身著黑皮，作野兽状，奋力跳跃。高跷者弯弓射。旁有持红油簸箕者一人，箸刮箕而歌。高跷者逐此兽而射之，兽应弦毙，人谓之射'妈狐子'，此'象功之舞'也。有谓此即古大傩之意，非也。"因为每年十二月逢三、六、九日都在和声署排练，人们可以围观。姚元之认为庆隆舞是写意的象功之舞，而不是昭梿所认为的大傩之意。他接着写道："闻之盛京尹泰云：达呼尔居黑龙江之地，从古未归王化。彼地有一种兽，不知何名，喜啮马腿，达呼尔畏之倍于虎，不敢安居。国初时，曾至彼地因著高跷骑假马，竞射杀此兽，达呼尔以为神也，乃归诚焉，因作是舞。"

故事可能是歌功颂德的杜撰，但是对生活在北方的少数民族来说，狩猎总是被认为威武神勇的事情，射杀野兽也总被认为是值得庆贺的丰收之举，完全符合北方民族的生活习惯和民俗民风。设事表情、构景抒怀是艺术创造的一个美学原则，扬烈舞的出现是符合历史生活的逻辑的，它的舞蹈结构与象征意义，符合逻辑与历史相统一的原则。至于昭梿说的颇沿古人大傩之礼，是因为扬烈舞戴大小"马护"，古代大傩舞就是戴假面，而且都是兽面，所以昭梿说是"颇沿古人傩礼之意"，这是从形式上说的，也没有错。姚元之说扬烈舞是象功舞，就是写意的，意在象征威武征服，使达呼尔人归诚，心悦诚服愿意归顺，他从舞蹈立意说的也不错。二人只是切入视点不同罢了。至于歌功颂德，是历朝历代宫廷乐舞无可回避的主旨，无可厚非。

还有值得一提的是，在乾隆朝之后，有将庆隆舞、扬烈舞、喜起舞并列使用的情形，并把扬烈舞改由庆隆之名而与喜起舞递次进行。在《钦定大清会典事例》中有多处将庆隆舞和喜起舞并列的记载："二十二年奏准，每遇保和殿，正大光明殿筵燕，内有庆隆舞、喜起舞，时刻较长，即以技艺三项承应。遇紫光阁。山高水长筵燕，向不进庆隆舞，则喜起舞为时较迫……二十三年奏准，嗣后，太和殿筵燕，先进庆隆舞，次喜起舞……"自乾隆末年的记载中就较少提及扬烈舞，而多以庆隆舞与喜起舞并提。从实际表演的内容和形式来看，庆隆舞与扬烈舞并无实质性的区别。因而可认为，自乾隆末年以后，扬烈舞也称为庆隆舞。

扬烈舞追忆了满洲人精于骑射、英勇善战——马背上打天下的辉煌历史。其舞，象征满族列祖列宗所建大清帝国之武功。喜起舞，表现了国泰民安、太平盛世的景象。其舞，象征大清王朝治世的文德。一文一武，起伏跌宕，交相辉映，成为大清宫廷中筵宴庆贺、廷殿朝会中的重要仪式。

（三）庆隆舞的形态分析

庆隆舞作为清宫廷筵宴乐舞的首位，必定有其独特的表演形式和艺术魅力。根据著名满族舞蹈编导马景星老师多年前采风时，从承德清代宫廷乐舞研究学者王玖罡先生处获得的一份有关扬烈舞和喜起舞排练时的口诀，可以深入分析庆隆舞具体的表现形式，这份口诀，好比舞谱，力求复原对其的描述。

扬烈舞排场口诀清单：

道光乙酉年仲秋　吉日　阿瞻记

"窃望"

倒翻头朝下，前行紧消声。（倒翻、小翻头在下面，轻轻地向前行走。）

中御四门望，伏地腿旋风。（到了舞台中心四面窥望，伏在地下做"扫腿转"。）

抱肘蹲腿窜，四板见笑容。（双肘换前胸走"矮子步"，过了一个乐段见没人，便偷着笑。）

直立足跟舞，双臂左右灵。（"妈狐子"折腾一番后，见没有什么动静，便直立起腰来，左右臂灵活地摇晃起来。）

以上是"异兽"的"窃望"舞段。根据文字描述，展开职业联想：刚开始，便有一人扮"异兽"，通过一连串的小翻上场，到了舞台中间，仿佛置身于旷郊野外，表现出警惕和不安。四处张望确认安全后，做"伏地腿旋风"可能就是今天的"扫堂腿"。接着的"抱肘蹲腿窜"就是矮子步，有些许小丑滑稽的意味，（对目前的安全状态表示）窃喜。一番侦探过后，发觉无异常之态，"异兽""直立足跟舞"像人一样站了起来，灵活地挥舞着双臂。

"马踪"

（下面是象征"八旗"高跷竹马的武士上场的舞段。）

黄盔银胄亮，标帜跃武炫。（金色盔袍银色骨甲，顶上红缨飘摆，一副英姿飒爽的样子。）

飞驰觅异兽，伏身隘深涧。（跃马驰骋寻觅异兽，身体贴在马上在关隘险要的山涧中驰行。）

八骑策马跃，跷顶跷根还。（八匹骏马，快马加鞭，马失前蹄下又伏地，再用跷顶地立起。）

百兽中御陛，几顾望深山。（异兽闻听马蹄声聚在中心陛下处，慌张地东张西望远处山中的人影马踪。）

"齐巴活洛才，齐巴活洛板"（乐队伴奏的节奏口诀）

曲跷刀出鞘，扬臂剑刀还。（蹬跷立起将刀出鞘，高举战刀挥舞后又放下将刀入库。）

跷底义身窜，勒缰紧扬鞭。（踩跷下叉，"乌龙绞柱"蹿起，勒紧缰绳奋力扬鞭。）

马嘶兽叫起，八骑睛不转。（战马嘶鸣异兽嗷叫，八旗战士眼盯异兽不转。）

"马踪"表现的是身着威武铠甲的八旗勇士踩着竹马（象征骑马）上场，他们在山间丛林里穿梭，以跷拟马蹄，翻转腾挪，表现所处地形之险要。扮异兽者，慌张地寻望。勇士们拔刀出鞘，地面绞柱腾起，显示一身高强的武艺。

"蒐围"

（下面是八旗武士与异兽的厮杀搏斗场面。）

伏身随节滚，迂马筋斗翻。（八旗武士伏身贴马随着节奏翻滚，勒马迂回翻着筋斗。）

一兽提刀舞，百兽乱马前。（异兽的头目挥舞着大刀，群兽跳跃倒掷乱蹦在马前。）

跷刀紧相交，还臂搭弓箭。（八旗战士将战刀砍向跷边的异兽，又举臂搭弓射箭。）

时而近相接，忽而竟相远。（战士与异兽一会儿近距离厮杀，一会儿又拉开距离对峙。）

这一场表现勇士与异兽厮杀的场面，激烈纷呈。高跷上的勇士要在马上翻滚，躲避异兽的攻击。勇士们用刀砍向异兽，又搭弓射箭，时近时远。

"神武"

（下面的舞段是表现八旗武士的神武精神。）

八骑四向散，百兽狂其间。（八旗武士向四面散开迂回，群兽惊恐狂跃在中间。）

左进右跟起，兽犹似狂颠。（异兽左脚跳下，右脚跟起，困兽犹斗疯狂颠跃。）

节紧步历慢，苫猶进帐掩。（节奏紧迫但武士步伐却慢起来，沉着应战，异兽躲藏遮掩。）

左右急蒐狩，伏跷发响箭。（左右两厢包围异兽，伏在林后瞄准异兽射出响箭。）

跷上长翻滚，百兽四股窜。（武士在跷上做翻滚的技巧，群兽四面逃窜。）

弦子跟颤抖，拍板马蹄喧。（乐队的弦子也非常激烈地弹奏，都颤抖起来。在拍板的节奏下，马跃前蹄嘶鸣起来。）

百兽急退壁，异猶跃马前。（群兽慌忙退到四壁，兽首跳在战马前投降。）

八旗勇士时而围拢时而散开，将异兽困于中间。异兽惊恐疯癫，做最后挣扎。最后形成包围态势，射箭瞄准异兽，勇士在跷上做激烈的翻滚动作，群兽们四面逃窜。最终，兽首投降。

"武成"

（最后是战斗胜利武功完成的舞段。）

节拚震宇兴，左进右跟颤。（乐队高奏震动寰宇的胜利乐章，战士得胜还朝迈着威武的步伐。）

群兽兴慑服，常跟端仪还。（全部异兽都臣服于武士手下，武士们举手迈步以端庄的仪式还朝。）

御陛横列伍，叩毕跃武炫。（皇宫陛下武士们列成横队，向皇上叩头谢恩高傲地炫耀着胜利的喜悦。）

礼乐兴致雅，臣功仪表先。（宫廷礼乐至高至雅，八旗功臣的威武形象仪表完美地展现出来。）

凯旋胜利的战士带着俘虏的异兽们回朝面圣，八旗勇士的威武形象得以完美展现。

以下是《喜起舞》排场口诀：

公用缮单　李明善记

仪容肃整齐，三叩兴勿依。（舞者严肃整齐的仪表与阵容，先向皇上行三叩礼。）

左陛燕翅伍，队队行国礼。（在大陛左面舞队的队伍穿着整齐——上场，一队一队行清代的打千跪礼。）

面迎举笑意，胸正仪刀齐。（舞者满面笑容，挺胸握刀非常整齐。）

前趋两腿迂，左进右踩溪。（上前趋步两腿迂回，左一蹭足右一伸腿，像踩在溪沟上。）

面御旋右臂，齐额稍而曲。（面对皇上宝座旋起左臂，拉动肩膀甩起飘动的衣袖。）

前队横陛舞，后队摆朝衣。（前排横在陛下起舞，后队摆着朝服衣裳。）

左臂舞于额，右臂舞背齐。（左臂舞于额前，右臂舞在身后。此动作是典型的"举一袖于额，反一袖于背，盘旋作势"的莽势舞姿。）

面面叩国礼，双转左襟踢。（向皇上大臣叩跪拜朝廷礼仪，用左脚踢起左襟，双手捉住后下跪。）

箭袖转三檀，伍伍随朝仪。（清朝朝服的箭袖三檀，舞队礼仪随朝廷礼仪一致。）

庆隆舞从作为满洲盛行的民间舞蹈，到纳入宫廷成为统治者极其重视的筵宴舞蹈，经历了一个嬗变的过程。清统治者将其中扬烈舞所表现的狩猎骑射，进一步升华为"率以兰绮世裔充选，所陈皆辽沈故事，作麾旄、韬矢、跃马莅阵之容，屈伸、进反、轻跷、俯仰之节、歌辞异汉，不颁太常，所谓缵业垂统，前王不忘者欤"！以此来赞颂先帝功德，更隐藏在背后的是借此表现清统治力量的强大和不可战胜。寓意清受命于天，应运而兴。但在赞扬暴力地夺取天下之后，清统治者认为不足以信服天下。因此，喜起舞随后而上，着朝服的十八大臣，有序而进，恪守礼仪，显示在激烈的战争过后，清呈现出一片祥和庄重，寓意深远。除此之外，善于吸收借鉴的清统治者，在对汉文化接受吸纳的同时，也对本民族的文化习俗进行大力保护，庆隆舞的前身莽势便是最带有满洲色彩的乐舞，因而得到了高度的重视和推崇。这种统治阶级的喜好，也反作用影响着民间的乐舞发展，反观莽势在民间的流行态势，直至今天，仍旧能够从满族老人跳的"九折十八式"中看到莽势曾经的影子，这足以说明，在民间的环境中，莽势得到了长期的传承和发展。宫廷艺术与民间艺术互为影响、互为关联，这也是我们今天研究满族庆隆舞的一个有力的实证。

（胡博，沈阳师范大学戏剧艺术学院教授）

注释

[1] 马护，满语为"mahu"，汉译为假面具。

后　记

　　从 2019 年 9 月下旬"第二届敦煌乐舞国际学术研讨会"的隆重召开到今天研讨会文集的即将付梓，整整过去了五个年头，这对于编辑出版一本学术文集来说着实是时间拖得长了点，除了文稿收集、整理、编辑需要耗费一定时日外，更重要的是其间经历了新冠疫情，使得很多工作的开展严重受阻，而真正启动这本文集的编撰工作已经到了 2022 年下半年。西北民族音乐研究中心主任李村教授亲自挂帅谋划，安排刘佳、闫若彧两位年轻人专门负责此事，其二人不辞辛苦，精心策划、多方联络、组织稿件、编辑校稿，终于要在 2025 年上半年把这本浸透着 12 位作者心血的成果呈现在广大读者面前，真是可喜可贺！

　　有关本书的价值，我在前言中已经有所阐述，在此不再赘言。最后想说的只有"感谢"二字。首先，感谢西安音乐学院党委的大力支持！在近年来学校的学科建设规划中，有关敦煌乐舞的专题研究一直是学校科研谋划的重头戏，我们深信，伴随着本文集的出版面世，新一轮的敦煌乐舞乃至西北区域音乐研究将再次掀起高潮。其次，感谢西安音乐学院西北民族音乐研究中心。该中心作为陕西省高校重点科研基地，近年来在谋划、组织、开展相关研究课题领域中，着实发挥了引领和带动作用，所取得的成绩引人瞩目。伴随着本文集的出版面世，新一届"敦煌乐舞国际学术研讨会"也将被纳入规划中。另外，感谢参与策划、组织、编撰本文集的所有同志，正是在你们的持续工作和辛勤努力下，本文集得以顺利付梓。最后，感谢文化艺术出版社总编辑王红和责任编辑汪勇及其他编务人员，你们的细致、耐心为本文集的质量把控提供了最直接的帮助，并使之能以雅致、精美的面貌呈现。

学无止境，勤则可达；志存高远，恒亦能成。让我们携起手来，从一件件事情扎扎实实做起，共同努力，相信定将为中国音乐文化事业的发展添砖加瓦！

李宝杰

2025 年 3 月 6 日